L'auteure

Carine Deloire est oto-rhino-laryngologiste et chirurgien cervico facial. Elle porte une attention toute particulière à la prise en soin des enfants et de leur famille.

Elle est à l'origine de la conception de ce livre, dans une démarche de prévention primaire de l'anxiété de l'enfant et de prise en compte globale de ses besoins. Cette démarche participe d'une médecine intégrative, ou médecine 5P, Participative Personnalisée Préventive Prédictive et basée sur les Preuves.

Titulaire major de promotion, du Diplôme universitaire de Paris Sorbonne Université-La Pitié Salpêtrière « Méditation, gestion du stress et relation de soin », elle participe maintenant à l'enseignement de ce même diplôme. Formée à la méthode Eline Snel pour enfants et adolescents, elle intervient depuis 2016 régulièrement dans les congrès dédiés à la *mindfulness*, l'oto-rhino-laryngologie et la pédiatrie pour parler de méditation de pleine conscience proposée aux enfants et à leurs parents en santé. Également formatrice *Mindful*-France®, elle est co-conceptrice avec le Dr. Fanny Gollier-Briant, pédopsychiatre, du module de formation « *Mindfulness* enfant et accompagnants » dédié aux soignants.

Comme tout praticien *mindfulness*, elle intègre la pratique méditative laïque dans son quotidien à titre personnel. Simplicité, créativité, générosité, douceur et sourire, sont les mots qui reviennent pour décrire ce que nous inspire ces propositions de méditations guidée

Ce livre est nourri de son expérience clinique au quotidien auprès de ses jeunes patients et de son expérience personnelle de maman. Avec authenticité et cohérence, elle nous montre que méditer, c'est bien être là, présent et pleinement vivant avec les pensées, émotions et sensations qui nous traversent tous. Ce moment d'attention est un moment d'observation et de présence à l'expérience qui se déroule maintenant. Un espace de liberté et une attitude qui nous prépare à l'action adaptée. Soigner, c'est accueillir et être là avec tout ce qui se présente d'instant en instant. Avec douceur, elle nous invite à faire une place à l'inconfort comme à l'agréable, pour qu'ensemble, patients, soignants et aidants, nous conduisions l'action juste dans une perspective de santé.

L'illustrateur

Passionné par la douceur du pinceau d'encre noir sur une feuille remplie de liberté, Robin Ditsch aime dessiner depuis son plus jeune âge. Fan de bandes dessinées franco-belges, il invente son monde fantastique au fil de ses cases.

À 15 ans, il remporte un petit fauve d'argent au concours d'Angoulême de 2017 grâce à sa planche « *The Little Knight in heaven* ». Ayant suivi une formation de méditation pleine conscience « MBSR » à 14 ans, Robin développe une complémentarité artistique qui lui permet de transcender ses œuvres empreintes d'humanité.

Dans ce livre l'illustration porte le propos à l'enfant, par ces dessins tout droit sortis d'un monde imaginaire. Ils sont à la fois source d'accroche, de compréhension et d'ancrage pour eux.

Sommaire

Préface

Comme un peintre porte son attention aux plus petits détails pour la réalisation de son tableau, le Dr. Carine Deloire, oto-rhino-laryngologiste et chirurgien cervico facial, par sa recherche continue d'améliorer la qualité de l'accompagnement de ses patients et par son empathie, nous conduit au cœur même de son travail quotidien de médecin.

Tel un peintre, elle perçoit les jeux de couleurs, les vibrations de la lumière, la densité de l'air...

Le Dr. Carine Deloire le fait naturellement avec sa bienveillance, son authenticité et sa générosité.

Tu médites avec moi ? illustre l'application de la méditation en pleine conscience dans le champ de la chirurgie pédiatrique comme outil de prévention et gestion de l'anxiété.

Cette pratique ne se limite pas à prendre en charge l'enfant dans sa globalité corps et esprit, mais elle est également élargie à l'entourage proche de l'enfant afin de construire un cadre sécurisant pour lui permettre de vivre plus sereinement les soins.

Par ailleurs, la sensibilisation précoce à cette pratique permettra aux enfants, dès leur plus jeune âge, de connaître cette approche. Ils l'adopteront peut-être au quotidien ou elle laissera une trace chez certains. Se souvenir de toutes ces histoires, « Shiny dans la forêt », « Marmotton et son pansement », « Les larmes de monsieur Tortue » ou d'autres personnages peut aider à dépasser les défis que la vie réserve.

Ouvrage/guide qui propose la méditation de pleine conscience avec simplicité et fluidité, les notions se glissent doucement entre histoires et exercices pratiques et le tout est sublimé par de délicates illustrations.

Une dernière touche de pinceau sur cette toile qui dégage une impression sensible de fraîcheur et d'harmonie avec les témoignages de parents et l'épilogue d'une extrême authenticité.

Un grand Merci au Dr. Carine Deloire pour ce travail qui implique de longues études de préparation, de recherche et une profonde capacité d'écoute et d'humanité.

Antonella d'Annunzio
Pédopsychiatre

Nous vivons un moment important qui donne aux pratiques contemplatives laïques leur rôle plein et entier dans le soin et la santé en France.

De plus en plus de soignants, comme Carine, ressentent le besoin d'intégrer à leur pratique médicale ou chirurgicale d'excellence un souci particulier pour la relation de soin et l'accompagnement. On dirait bien que l'on voit ainsi refleurir l'humanisation des soins, qui a pris une porte bien inattendue pour se joindre, ici, à la chirurgie ORL. Partout, la souffrance ou la maladie, petite ou grande, s'associe à la détresse et à de multiples émotions négatives. Considérer que le travail du soignant intègre la mise en musique d'un échange humain, en soi thérapeutique, est tout simplement renouer avec le « CARE ». C'est ce que fait admirablement Carine dans cet ouvrage, qui offre sous une forme tendre et ludique, une possibilité de vivre les moments de préparation à la chirurgie, pour les enfants, leurs parents et leurs soignants, dans un paysage coloré permettant d'exprimer, d'accueillir et de laisser être toutes les expériences vécues. Pour nous, enseignants à Sorbonne Université, c'est une grande satisfaction de voir nos étudiants s'approprier nos enseignements pour les transformer avec talent à l'aune de leurs spécificités professionnelles avec sincérité et humanisme. Bravo et merci pour ce partage !

Corinne Isnard Bagnis
Professeure des université-Praticienne hospitalière
AP-HP Sorbonne Université-La Pitié Salpêtrière
Directrice du Diplôme universitaire,
« Méditation, gestion du stress et relation de soin »

Introduction

1

Bienvenue à toutes et à tous,

Jeunes patients, aidants
et accompagnants adultes ou enfants,

Parents, grands-parents, éducateurs, soignants,

Ce livre est pour vous.

Je suis un outil pratique autour du soin, pour le bien-être et la santé.

Ma lecture et l'écoute de mes histoires vous prendra par la main pour comprendre et ressentir ce qu'est l'entraînement à la pleine présence ou pleine conscience, *mindfulness* en anglais. Il s'agit d'une pratique laïque de méditation.

Méditer, c'est bien être là, présent et pleinement vivant avec les pensées, émotions et sensations qui nous traversent tous. Ce moment d'attention est un moment d'observation et de présence à l'expérience qui se déroule maintenant. Un espace de liberté et une attitude qui nous prépare à l'action adaptée.

Soigner c'est accueillir et être là avec tout ce qui se présente d'instant en instant. Tout en douceur, je vous invite à faire une place à l'inconfort comme à l'agréable, pour qu'ensemble, patients, soignants et aidants, nous conduisions l'action appropriée dans une perspective de santé.

Pratiquer est le maître mot. Pour cela, venez simplement avec curiosité et ouverture à l'expérience, et entrez dans la pratique. Mes quatre contes, mes explications concrètes issues de l'expérience du soin, mes illustrations et les témoignages de parents, vous emmèneront à la découverte ou la redécouverte de cet entraînement de l'attention. Nous irons aussi rendre visite aux idées reçues sur la méditation de pleine conscience.

Puisque vous me lisez déjà, allez, c'est parti, je vous accompagne !

Citations et extraits

« La santé est un état de complet bien-être physique, mental et social, et ne consiste pas seulement en une absence de maladie. »

Organisation mondiale de la Santé

« Une éducation qui développerait ces facultés d'attention serait l'éducation par excellence. »

William James, père de la psychologie cognitive

« Veiller, c'est être attentionné, avoir des attentions. Tous ces mots indiquent la qualité d'être présent, à l'écoute, tendu vers, prêt, conscient. Il s'agit autant d'être tendre que de tendre vers l'autre par les soins affectueux. [...] Tout le monde a un esprit, tout le monde a un corps, tout le monde peut prêter attention, tout le monde vit instant après instant. La pleine conscience ne nous dit pas quoi faire, mais elle nous offre un moyen d'écouter, un moyen de prêter attention à ce qui nous paraît important, et d'élargir notre vision dans n'importe quelle situation, dans n'importe quelle circonstance [...] Quand vous êtes à l'écoute de votre expérience c'est toute la vie qui devient pratique de la méditation. »

Jon Kabat-Zinn, *Être parent en pleine conscience*

Il est des auteurs, des maîtres, que l'on rencontre à travers des lectures seulement et cela constitue déjà une riche rencontre. Il en est d'autres, que l'on rencontre d'abord par la lecture ou l'écoute, et ensuite la rencontre se transforme en véritable échange. Cela a été le cas pour moi avec les auteurs dont je cite ci-après une toute petite partie de ce qu'ils ont souhaité transmettre. Ils représentent pour moi l'essence même de cette volonté de médecine intégrative dite 5P* et pleinement consciente. Merci à eux d'être là et de leur volonté de transmission sans retenue empreinte d'éthique et d'une grande cohérence. J'espère que ces quelques lignes vous donneront, à vous aussi, envie d'aller plus encore à leur rencontre.

> « La pratique de la méditation de pleine conscience nous replace dans le moment présent et favorise la présence et l'attention à ce qui est en train de se jouer. Nous nous plongeons dans l'expérience de l'instant. [...] Si la pratique de la méditation nous permet d'améliorer la qualité de notre présence, sans juger ou anticiper à propos de l'échange qui va avoir lieu avec le patient, nous faisons justement alors intervenir la curiosité, le non jugement, la bienveillance... [...] Cette présence sans jugement est un élément majeur favorisant l'interaction avec le patient. »
>
> Pr. Corinne Isnard Bagnis, néphrologue,
> *La pleine conscience au service de la relation de soin, méditer pour mieux soigner*

> « La pleine conscience nous aide à nous rapprocher de nos besoins de calme, de lenteur, et de continuité. [...] Sur le plan personnel, si je devais décrire en quelques mots ce que la méditation m'a apporté, je dirais qu'elle m'a tout simplement redonné vie. En tant que psychiatre, j'utilise régulièrement la méditation pour aborder les difficultés psychologiques et émotionnelles des patients et je ne crois pas connaître d'outil psychothérapeutique plus puissant. [...] Le mode “être” est l'état naturel des enfants en bas âge : ils vivent pleinement toute l'expérience, avec curiosité, sans se faire un dialogue interne sur leur vécu. [...] Lorsque nous grandissons, nous acquérons des automatismes et notre pensée analytique et critique se

* Médecine 5P : participative, préventive, personnalisée, prédictive, basée sur les preuves... et même 6P, pleinement consciente.

développe. Puis nous sommes emportés dans la course perpétuelle induite par notre mode de vie moderne. Et, peu à peu le mode “faire” éclipse le mode “être”. Bien que négligé, le mode “être” est une disposition naturelle présente en chacun de nous et depuis toujours. La méditation de pleine conscience permet de renouer avec celle-ci et de la développer. Méditer n’est donc pas une question de capacité mais une question de volonté. »

Dr. François Bourgognon, psychiatre,
Savoir pour guérir, la méditation en 10 questions

« Le soin n’est pas la seule exigence attendue du soignant permise par la science et animée par la conscience. Il est une relation qui nous engage et exige la “permanence” de notre présence “au cœur de nos savoirs et de nos actes”. La bienveillance… c’est souvent ne rien dire, seulement être là. Accompagner le silence pour qu’il ne fasse plus peur. Apprendre à quitter la chambre ou même à ne pas y entrer lorsqu’on n’y est pas attendu. Donner confiance sans témoigner d’un excès de certitudes vis-à-vis de nos capacités à traiter… ou plus encore à soigner. Garder l’humilité de notre pratique aux côtés d’enfants, adolescents et de leurs parents, de la fratrie et de leur entourage. Une humilité respectueuse et non pas indifférente. […] Humilité… et humanité. »

Pr. Antoine Bourrillon, pédiatre,
extrait de sa communication orale au congrès
de pédiatrie ambulatoire AFPA, 2017

Quelle est notre intention dans cet ouvrage ?

Ce livre est un précieux outil pour les parents, les jeunes patients mais aussi les soignants. Vous y trouverez des ressources pour vous entraîner à la pratique de la « *Mindfulness* ». Il s'agit d'une pratique **laïque**.

Plusieurs traductions existent en français pour *mindfulness*. Initialement traduit par « méditation de pleine conscience », nous voyons maintenant émerger d'autres terminologies, comme « pleine présence » ou « pleine attention ». Chacune de ces terminologies porte en elle un des fondements de la pratique de la *mindfulness*. Un entraînement à la « présence », « conscience », « attention » la plus complète possible, entière. Cet entraînement nous permet d'aborder, avec une attention pleine, les événements inhabituels inhérents à la maladie ou aux nécessités de soins. Cette attention, cette exploration avec curiosité, rend possible une meilleure connaissance de nous-même, au plan des sensations, pensées et émotions qui nous traversent tous. Cette qualité d'attention est un trésor, autant qu'un soutien. La pratique de la méditation de pleine conscience a prouvé scientifiquement son efficacité en matière de **gestion du stress**. Sa pratique revêt un caractère préventif en santé tant sur le plan physique que psychologique. La recherche de **bien-être** ou l'adoption d'une **attitude préventive** est peut-être ce qui vous a amené à vous y intéresser, ou peut-être est-ce **un besoin de soin** qui approche pour l'enfant que vous souhaitez accompagner.

Ce peut être une chirurgie, un soin dentaire, un prélèvement sanguin par exemple, ou encore simplement une consultation médicale. Dans tous les cas, cette lecture pourra vous éclairer. Les parents dès la préparation à l'accouchement peuvent d'ailleurs maintenant s'intéresser à cette pratique de la pleine présence puisse que certaines préparations à la naissance la propose. L'enfant dès sa naissance rencontre des situations de soin, et tout au long de sa vie il est possible que nous y soyons avec lui confronté, ponctuellement ou plus régulièrement. C'est pourquoi cet ouvrage peut attirer votre attention, que le soin soit déjà planifié ou non. Accessible à tous, le propos est soutenu par des enregistrements audio, des illustrations et des schémas, supports de la mise en pratique, de la compréhension et de l'ancrage.

Cet ouvrage s'adresse à toutes les personnes qui accompagnent un enfant dans ses soins et son développement, ainsi qu'au jeune patient lui-même. Il est impossible de citer l'ensemble des personnes qui gravitent, s'impliquent, participent, sont présentes, interagissent, écoutent, font preuve d'attention et de patience à l'égard d'un enfant ou d'un jeune. Les parents, les soignants, la fratrie sont évidemment au premier rang, et plus largement les grands-parents, oncles et tantes, cousins, et aussi les enseignants(es) et les camarades de classe. Toutes ces personnes sont de fait dans cette communauté d'intention. C'est néanmoins un choix délibéré de la part de chacun d'y entrer en pleine attention. Dès lors, il appartient à chacun de savoir quel positionnement il souhaite adopter. Dans mon expérience, lorsque la proposition et le support existent, ce choix d'implication, devient plus accessible. Bien sûr nous avons chacun nos spécificités, nos contraintes, nos divergences parfois. La relation déjà établie et celle que l'on souhaite cultiver comptent aussi. Avec l'accès rendu possible, la fratrie, l'enseignant(e), la voisine, l'autre jeune patient, le parent d'un autre jeune patient, s'impliquent avec cette même intention d'accompagner la personne dans ses soins. Notez bien que prendre soin, suppose de porter intérêt et attention à trois dimensions du bien-être. L'état de « bonne santé » tel que définit par l'organisation mondiale de la santé est en effet un état de bien-être à la fois physique, mental et social.

C'est pourquoi pouvoir « dire », s'exprimer sur ce qu'il vit et ressent si cela est son souhait, à ses camarades ou à sa maîtresse ou à son entraîneur, peut être pour certains jeunes patients très important. L'accueil réservé par l'adulte en retour l'est tout autant. C'est pourquoi comprendre la pratique de la *mindfulness*, et ressentir par notre propre entraînement et implication, peut permettre cet échange, ce précieux partage.

Lorsque notre intention d'adulte est d'accompagner un enfant de notre mieux dans son développement, alors nous savons que nous avons déjà en nous une attitude tournée vers lui avec une intention d'affection et d'attention. Lorsque nous sommes dans cette posture, nous sommes enclins à cultiver la bienveillance et la compassion pour lui. De ce fait, nous sommes prêts à nous positionner au second plan, et lire ou investir notre énergie dans un livre tourné vers l'enfance nous est alors plus intuitif et spontané. En somme, nous recherchons son bien-être, nous nous occuperons de nous ensuite ou une autre fois. Nous sommes parfois prêts à faire plus de choses pour quelqu'un d'autre que nous ne le ferions pour nous-même. Cela, d'autant plus s'il s'agit d'un enfant et de surcroît, s'il s'agit d'un enfant en souffrance en ce moment, ou simplement d'un enfant que l'on sent en difficultés par moments. C'est notre capacité humaine naturelle d'empathie qui intervient ici. Ici est la source de notre motivation, parfois ainsi bien plus puissante que si nous faisions les choses pour nous, pour notre propre bien-être.

Un des enjeux de ce livre est de vous faire découvrir **l'importance de savoir tourner notre attention également vers nous-même**, pratiquer nous-même les exercices d'attention, et de nous laisser emporter nous-même par les contes. La lecture que nous pouvons avoir des événements que nous vivons par le prisme de la pleine présence ou *mindfulness*, s'apprend et s'entraîne. Elle repose sur deux éléments fondamentaux. Le premier est une condition *sine qua none*: c'est la pratique personnelle. Le deuxième vient compléter la première : c'est le partage d'expérience. Cette possibilité de partage d'expérience est toute trouvée lorsque nous sommes déjà engagés dans une relation d'aide ou de soin. Or, comment partager notre expérience avec l'enfant si nous ne pratiquons pas **nous-mêmes**? Comment prendre soin de l'enfant sans nous autoriser à **prendre soin de nous**?

Un autre enjeu, est d'accepter d'ouvrir avec vous une fenêtre sur notre propre souffrance et notre propre vulnérabilité en tant que parent ou accompagnant. Notre souffrance de voir souffrir l'autre ; notre peur que l'autre souffre, la confrontation parfois avec notre impuissance ; notre vulnérabilité face aux difficultés qui se présentent, aux incertitudes, aux émotions qui nous traversent. À travers cette fenêtre ouverte, vous verrez ou sentirez des choses nouvelles ou du moins vous les revisiterez avec un regard renouvelé. Certaines choses seront agréables et d'autres non ; certaines choses fortement senties et d'autres moins ; certaines choses vous seront immédiatement utiles et d'autres moins. La seule chose dont je peux vous assurer est qu'en développant notre attention, nous élargissons notre champ de visibilité et de lucidité sur les éléments qui nous entourent, ce qui concourt à notre adaptabilité et la justesse de notre positionnement et de nos décisions. Dans ce sens, aiguiser notre connaissance de nos ressources, et prendre en considération notre vulnérabilité est une force. Sentir avec finesse les sensations et les émotions qui nous traversent, est comme naviguer en tenant compte à la fois, des éléments, le vent, les vagues, la météo, mais aussi de l'état physique et émotionnel du skipper, des coéquipiers et des passagers, dans l'instant. Dans l'instant, et pas seulement. Il est également utile d'avoir à l'esprit de ce que l'équipage a vécu avant, et ses projets en perspective.

Les récits de situations réelles de soin et les témoignages d'enfants, d'accompagnants et de soignants de ce livre constituent une approche concrète de la pratique de la *mindfulness* au quotidien. Certaines personnes, préféreront aborder les choses ainsi en premier lieu et d'autres non. Certaines préféreront suivre l'ordre proposé des chapitres et d'autres non. Certaines encore, ne voudront qu'écouter les méditations guidées ou utiliser « la boîte à outils ». Alors, sentez-vous totalement libres, de faire, de ne pas faire, de picorer, de dévorer, de lire par la fin, par le glossaire, de poser le livre, de le reprendre… bref, laissez-vous inspirer, soyez créatif, faites à votre manière et surtout, surtout avec bienveillance envers vous-même et seulement du mieux que vous pouvez dans l'instant. Observer que nous ne pouvons pas bouger, que nous n'avons pas l'attention ou l'énergie disponible en ce moment, témoigne déjà d'une pratique d'attention, et **le plus petit pas qui soit est un pas**. En méditation de pleine présence, il est impossible de rater quoi que ce soit. Tout est observation. Toute observation est juste pour la personne qui l'observe. Alors pas de stress et selon vos envies et possibles, bonne lecture… Bonne écoute… Bonne pratique !

En résumé notre intention

Permettre au lecteur (patient, parent, grand-parent, éducateur, soignant) de **comprendre ce qu'est la *mindfulness*** ou méditation de pleine conscience **par la pratique elle-même de la méditation**.

Mettre à disposition du lecteur, accompagnant adulte ou jeune patient **un support** qui lui permet de soutenir sa **position d'acteur dans les soins et la relation** (patient-accompagnant ; patient-soignant ; accompagnant-soignant), ainsi que la découverte et l'entraînement à la pleine attention au quotidien.

Présenter une pratique de la méditation de pleine conscience **adaptée, à l'enfant et à son entourage adulte, et au quotidien du soin**.

Ancrer la notion que **l'enfant et l'adulte pratiquent**, et qu'on ne « fait pas faire » à l'enfant.

Les moyens : le conte, le partage d'expérience de situations concrètes, les métaphores, les témoignages, des explications concrètes et accessibles.

Pour vous accompagner dans la lecture et faciliter votre exploration des exercices, nous avons accompagné ce livre de plages d'écoute. Parfois vous préférerez simplement écouter sans vous raccrocher au visuel du livre, pour vous immerger autrement dans l'histoire ou dans vos sensations en pratiquant un exercice ou une méditation. Vous pourrez ensuite à votre gré revenir au livre et à ses visuels. Le livre est construit sur cette complémentarité et allers-retours entre ces différents supports. Vous trouverez ci-dessous le sommaire des plages d'écoute téléchargeables directement sur le site internet des éditions Ellipses.

Sommaire des fichiers audio

- Accueil • 1
- Shiny, la cabane • 2
- Les larmes de monsieur Tortue • 3
- Le grand jour et les petites choses • 4
- Marmotton et les poils • 5
- Écoute du son • 6
- Surtout ne changez rien • 7
- L'attention au corps, je déplace mon attention • 8
- L'attention au corps, le *body scan* • 9
- Lavages des mains en pleine conscience • 10
- L'attention au corps, l'attention à la respiration • 11
- S'étirer • 12
- Bouger, se secouer • 13
- Marcher en pleine attention et s'arrêter • 14
- Geste de réconfort • 15
- Serrer fort les poings et relâcher • 16
- Histoire de Colline : La dégringolade • 17
- Histoire de Colline : L'aventure de Renardeau • 18
- Épilogue • 19
- Pratique libre non guidée de 5 minutes • 20

Des questionnaires pour s'interroger

Voici des questionnaires que je soumets fréquemment aux parents de mes jeunes patients.

Plusieurs raisons m'ont poussée à vous proposer ces questionnaires. Mais avant toute chose, octroyez-vous surtout le droit de ne pas les remplir et de ne même pas savoir de quoi ils relèvent. Pour ceux qui souhaitent s'interroger, je vous recommande de lire les quelques lignes ci-après.

Ces questionnaires sont validés scientifiquement pour leur pertinence en matière d'exploration de la qualité d'attention des personnes à qui on les soumet. Ils sont donc utilisés dans les programmes de recherche sur les effets de la méditation de pleine conscience sur l'humain. Il en existe bien sûr d'autres, mais j'ai choisi ceux-ci car ils sont à la fois reconnus et suffisamment courts pour ne pas nécessiter trop d'investissement personnel pour y répondre. Vous pouvez faire l'expérience d'y répondre, simplement pour vous auto expertiser, faire un point de situation à cet instant de votre vie. Bien sûr je vous conseille d'y répondre avec sincérité, authenticité et spontanéité. Le but est uniquement de vous renseigner vous-même.

Ensuite, peut-être que ces questions auront soulevé quelques interrogations, provoqué de la surprise, de la frustration, une simple gêne ou même de l'aversion, ou simplement de la curiosité ou autre chose encore. Dans mon expérience, c'est habituel.

Nous poser des questions à nous-même sur ce thème de l'attention, du bien-être et de l'exposition au stress, nous mobilise. C'est un premier pas vers une exploration, une meilleure connaissance de nous-même. Lorsque nous répondons aux questions, nous nous plaçons déjà dans la position de l'observateur de notre expérience. Je vous propose alors de partir de là où vous êtes, avec ce relevé de vous-même en poche, pour explorer cet ouvrage avec la plus grande ouverture et curiosité possible à cet instant. Souvenez-vous que tout est changeant, mouvant, en évolution. Quelque temps après la lecture de ce livre et quelques exercices d'entraînement à l'attention derrière vous, vous pourrez refaire un point de situation sur vous-même en répondant à nouveau à ces mêmes questionnaires. Je me sens l'obligation ici de préciser l'intention à y mettre : l'idée n'est pas de rentrer en compétition avec vous-même, dans une optique de performance ou d'amélioration des paramètres testés. Je me suis moi-même exposée à ces questionnaires et depuis, dans les moments de fatigue ou de stress, je pense à ces questions que je connais maintenant bien pour les poser régulièrement aux parents de mes petits patients. Le simple fait de me dire : « Oh oh, il serait peut-être bien que je re remplisse tous ces questionnaires moi aussi… » suffit à ce que je prenne des mesures de prévention et de protection les jours suivants.

> Je vous invite à cultiver l'exploration avec curiosité d'instant en instant, la patience, la confiance et la bienveillance envers vous-même, car c'est une réussite en soi.

Nul besoin de chercher la performance qui pourrait vous amener au contraire à dépasser vos limites et à vous critiquer ou vous faire des reproches.

Pour finir, je vous recommande de garder les résultats de cette exploration pour vous-même d'une part, et de ne pas inciter une tierce personne à les remplir, d'autre part, à moins que vous ne soyez professionnel de santé habilité à ce type d'explorations. Cette exploration de nous-même peut être un exercice très mobilisant et peut-être déstabilisant par ce qu'il met en lumière. D'ailleurs, si vous en sentez le besoin après avoir répondu aux questionnaires, je vous conseille de ne pas hésiter à prendre l'avis de votre médecin traitant, d'un psychologue ou d'un psychiatre. Être reçu, écouté, entendu peut apporter beaucoup. Je pense qu'il faut désacraliser, rendre plus aisé, le premier pas vers l'aide médicale ou psychologique. Au cours d'une vie, tant de choses peuvent survenir, nous pouvons tous à un instant donné avoir besoin d'aide. J'irai même plus loin : nous évoluons dans un système de santé occidental plus tourné vers le curatif que le préventif. Il appartient donc à chacun de juger des moyens de prévention qu'il met en œuvre pour lui-même. Il n'y a jamais de consultation « inutile » ; écouter, rassurer, effectuer des ajustements orientés vers le bien-être de la personne n'est jamais superflu. Ce sont ces petites prises de consciences et ces ajustements qui permettent souvent d'éviter une dégradation de notre état de santé, qu'il soit physique, mental ou social. Il existe mille et une manières d'adopter une attitude d'équilibre et d'ajustement envers soi-même. Parmi ces mille et une approches, la force de la *mindfulness* est incontestablement son niveau de preuve scientifique*.

* Autre ressource de questionnaires dans le chapitre « Pour aller plus loin, bibliographie ».

Questionnaire OMS
sur le bien-être

Pour chacune des cinq affirmations, laquelle se rapproche le plus de ce que vous avez ressenti au cours des deux dernières semaines.

Au cours des deux dernières semaines :

	Jamais	De temps en temps	Moins de la moitié du temps	La moitié du temps	La plupart du temps	Tout le temps
	0	1	2	3	4	5
Je me suis senti(e) bien et de bonne humeur.	☐	☐	☐	☐	☐	☐
Je me suis senti(e) calme et tranquille.	☐	☐	☐	☐	☐	☐
Ma vie quotidienne a été remplie de choses intéressantes.	☐	☐	☐	☐	☐	☐
Je me suis senti(e) plein d'énergie et vigoureux(euse).	☐	☐	☐	☐	☐	☐
Je me suis réveillé(e) en me sentant frais(che) et disposé(e).	☐	☐	☐	☐	☐	☐
TOTAL =	/25					

WHO-5© Psychiatric Research UNIT, WHO Collaborating Center for Mental Health, Frederiksborg General Hospital, DK-3400 Hillerød

Notez que le chiffre est proportionnel au bien-être.
Notez aussi qu'il s'agit d'une auto-évaluation ponctuelle et que votre état de bien-être peut fluctuer dans le temps.

Échelle d'attention et de pleine conscience (MAAS)

Instructions : Ci-dessous vous trouverez une série d'affirmations concernant vos expériences quotidiennes. En utilisant l'échelle de 1-6 ci-dessous, indiquez la fréquence avec laquelle vous expérimentez ces situations en ce moment. Répondez en fonction de votre expérience réelle et non en fonction de ce que l'expérience devrait être selon vous. Traitez chaque item séparément des autres items.

		Presque toujours	Fréquemment	De temps en temps	Pas très fréquent	Rarement	Presque jamais
		1	2	3	4	5	6
1	Je peux des émotions et ne m'en rendre compte que plus tard.	☐	☐	☐	☐	☐	☐
2	Je casse ou renverse des choses par négligence, par manque d'attention ou parce que je pense à autre chose.	☐	☐	☐	☐	☐	☐
3	Je trouve difficile de maintenir mon attention au moment présent.	☐	☐	☐	☐	☐	☐
4	J'ai tendance à marcher vite pour aller quelque part sans faire attention à ce que je ressens en chemin.	☐	☐	☐	☐	☐	☐
5	J'ai tendance à ne pas détecter les sensations de tension physique ou d'inconfort à moins qu'ils ne m'accaparent.	☐	☐	☐	☐	☐	☐
6	J'oublie presque automatiquement le nom d'une personne lorsque je l'entends pour la première fois.	☐	☐	☐	☐	☐	☐
7	J'ai l'impression d'agir sur le "mode automatique" sans réellement prendre conscience de ce que je fais.	☐	☐	☐	☐	☐	☐
8	Je me dépêche à faire mes activités sans être attentif(ve) à ce que je fais.	☐	☐	☐	☐	☐	☐
9	Je suis tellement centré(e) sur mon objectif à atteindre que je perds contact avec ce que je fais dans l'instant pour y arriver.	☐	☐	☐	☐	☐	☐
10	J'exécute des travaux et des tâches comme un automate, sans conscience de ce que je fais.	☐	☐	☐	☐	☐	☐
11	J'ai tendance à écouter partiellement ce qu'on me dit en faisant autre chose en même temps.	☐	☐	☐	☐	☐	☐
12	Il m'arrive de conduire l'auto et d'être surpris de me retrouver à un certain endroit.	☐	☐	☐	☐	☐	☐
13	Je suis préoccupé(e) par mon passé ou mon futur.	☐	☐	☐	☐	☐	☐
14	Je fais des choses sans y porter attention.	☐	☐	☐	☐	☐	☐
15	Je grignote sans me rendre compte que je mange.	☐	☐	☐	☐	☐	☐
	TOTAL = ……… / 90						

Auteur(s) : Brown & Ryan, 2003
Traduction / adaptation en français : Heeren, Douilliez, Peschard, Debrauwere, et Philippot, 2006

Pour coter l'échelle, il suffit de faire la somme des 15 items. Les scores élevés reflètent des niveaux élevés de disponibilité à la pleine conscience.
Notez qu'il s'agit d'une auto-évaluation ponctuelle. Nous pouvons donc observer des fluctuations ou une évolution de nos capacités d'attention.

I • DES HISTOIRES POUR ENTRER DANS LA PRATIQUE, ENSEMBLE, PAR LE CONTE

Préambule

La vie est rarement un long fleuve tranquille. Elle peut nous surprendre et être faite de changements imprévus, de rebondissements, de variations climatiques… et parfois, nous sommes confrontés à, ou amenés à subir, ou à décider pour l'avenir… pour un bien-être futur ou pour une meilleure santé.

> Je vous invite ici à ralentir la lecture, et à marquer une petite pause subtile à chaque fois que vous rencontrez un « ? » ou les « … ».

Comment appréhender l'accident, ou simplement l'incident ?

Comment se préparer à une situation de soin prévue ?

Comment nous positionner face au stress ?

Nous pouvons rarement changer immédiatement et directement l'environnement ou les circonstances auxquelles nous sommes confrontés. Mais nous pouvons toujours avoir une attention pour nous, changer quelque chose en nous.

Cette habileté s'apprend, elle s'entraîne. Nous avons tous la possibilité d'adopter cette posture, cette façon d'être au monde.

Prenons l'exemple d'un soin médical. C'est une situation inhabituelle le plus souvent, et même si les soins se répètent dans le temps, il peut y avoir des différences. La personne qui reçoit les soins peut ressentir beaucoup de choses… un inconfort ou des douleurs physiques, des émotions. Les personnes qui l'entourent également.

Nous ressentons tous des émotions. Elles sont changeantes. Dans une même journée, on peut, en étant très attentif, remarquer beaucoup d'émotions différentes.

Les remarquer, les observer nous apporte cette confiance dans le changement. Les émotions nous renseignent… nous aident à nous adapter à notre environnement.

Les émotions désagréables ne durent jamais longtemps, souvent elles ne durent que quelques minutes. Les observer nous aide à les laisser se modifier doucement.

Les émotions agréables ne durent pas non plus. Dommage… non, pas dommage. Elles reviendront… autrement… à un autre moment… les observer nous aide à les laisser partir, à ne pas nous y accrocher coûte que coûte, et aussi… à garder ancré l'agréable.

Comme le temps, l'environnement change, les circonstances changent… les émotions aussi. Vent, pluie, soleil, tourmente, arc-en-ciel, nuages, orages, éclairs, belle lumière, brise légère… comment je me sens maintenant… à cet instant ?

Comment savoir ?

Une petite pause pour soi, dans le silence d'une respiration. Ouvrir un espace en soi, un petit temps et laisser venir… sans chercher à atteindre un état particulier… sans chercher les solutions dans le raisonnement… juste être là, présent à soi… ressentir… s'autoriser un accès à nous-même… remarquer… observer ce qui se passe en nous…

Quel temps fait-il à l'intérieur ?

Laisser une place à l'intuition, les solutions viendront d'elles-mêmes… décrire pour soi d'abord, mettre des mots si c'est possible… partager ensuite, avec un ami, un parent, un proche, une personne de confiance, cette personne qui sait écouter… écouter seulement, sans réagir immédiatement, sans chercher les solutions à notre place, qui sait être juste là, présente, avec toute son attention… son affection… malgré les douleurs, les peurs, les tristesses, les silences… attitude difficile et courageuse, et tellement précieuse pour tous les deux… l'écouté et l'écoutant… lui-même ouvert à son espace intérieur, à son ressenti du moment, une ouverture sur soi… sur l'autre… sur la relation, si précieuse au bien-être.

Parfois, nos pensées nous emmènent et nous avons l'impression que l'inconfort durera longtemps. Nous émettons des jugements et nous imaginons toutes sortes de choses qui peuvent se produire…

Stop. Je m'arrête. Pause. Je respire… je respire seulement…

J'accepte de laisser sa place au temps… le temps nécessaire à toute chose, à toute adaptation, toute évolution.

En prêtant attention à cet inconfort, en lui donnant une place, bien souvent, nous remarquons qu'il ne dure pas aussi longtemps que nous l'avions imaginé, et que les choses ne se déroulent pas exactement telles que nous les avions imaginées.

L'ambition de ce qui suit est de cultiver ensemble l'attention, dans un esprit d'ouverture à tout ce qui se présente à nous instant après instant.

Alors, petits et grands, écoutez bien l'histoire de Shiny. En étant très attentif, elle vous apprendra beaucoup de choses. C'est son histoire… c'est notre histoire…

Shiny, la cabane

2

Aujourd'hui, c'est une journée de fin d'hiver.

Les arbres sont encore tout nus, mais bientôt de nouvelles fleurs apparaîtront sur leurs branches…

Le temps est un peu gris mais doux.

Shiny se demande ce qu'il pourrait bien faire ce matin.

Il est un peu fatigué en ce moment quand il se réveille.

Malgré cela, Shiny décide de partir en forêt pour ramasser du bois. Avec le bois, il se construira une cabane.

Il ramasse… il ramasse… il ramasse… Il a presque fini de ramasser tout le bois pour construire sa cabane, quand soudain !

Shiny. — Aïïïïïïe !

AÏE !

Il se plante une écharde dans le doigt !
(Il est tout pâle… il a sûrement peur.)

Shiny. — Mais qu'est-ce qui m'arrive ?
(Puis, il devient tout rouge… il est peut-être en colère.)

Shiny. — Méchant bois ! Je n'aurais pas dû faire ça ! Je suis vraiment trop bête !
(Puis, il pleure… il semble triste.)

Shiny. — Aïïïe ! Je ne vais pas arriver à finir ma cabane !

Heureusement, son amie coccinelle est là.

Elle se pose doucement sur son épaule…
Elle s'approche délicatement de son oreille, et lui dit :
Je suis là, avec toi… respire… fais juste de ton mieux.
Ne te juge pas… soit doux avec toi-même…

Où as-tu mal ?

Shiny. — Aïe... aïe... j'ai mal au bout du doigt.

La coccinelle. — C'est ok. Et comment est cette douleur ? Petite, moyenne, grande ou insupportable ?

Shiny. — Moyenne, mais quand je touche ça me fait très mal. Ça pique et j'ai peur !

La coccinelle. — Ok... de quoi as-tu besoin maintenant ?

Shiny. — De savoir ce que j'ai !

La coccinelle. — Ok aussi. Rassure-toi le docteur et l'infirmière Chouette vont t'expliquer ce que tu as et te soigner.

Pour l'instant... respire... souffle complètement.

JE RESPIRE...

Vas-y fais-le... ton ventre se dégonfle d'un coup... puis il gonfle à nouveau tout seul... sens bien... ton souffle peut te faire sentir ta solidité en toi... solide... comme une montagne... ton ventre gonfle... et il dégonfle... il gonfle... et il dégonfle à nouveau...

Comment te sens-tu maintenant ?

Shiny. — Un peu mieux.

La coccinelle. — Ok. As-tu besoin d'autre chose ?

Shiny. — *(Ses yeux se tournent vers le sol un instant, comme s'il regardait en lui-même... un petit sourire apparaît sur ses lèvres... puis il regarde à nouveau son amie coccinelle les sourcils subtilement froncés.)* Mais comment vais-je faire pour ma cabane ?

Eh bien... la cabane attend un peu... d'abord, les soins. Finalement, le problème n'était pas si sérieux.

Ensuite bien sûr, les amis de Shiny viennent l'aider. Ils finissent ensemble la construction de la cabane.

Quelle joie !!!

Comme Shiny, tu peux quand tu as mal… ou quand tu ressens de la peur ou de la tristesse… décider de prendre une petite pause pour toi-même… et simplement tourner ton attention quelques instants vers ta respiration…

Notre amie coccinelle est là pour t'y faire penser…

Comme nous, Shiny n'est pas seul sur sa planète.

D'autres histoires, d'autres personnages vous attendent. Chacune peut nous enseigner quelque chose lorsque nous allons à sa rencontre. Laissons-nous entrer dans leur monde, leur histoire…

Les larmes de monsieur Tortue

3

C'est la fin de l'été. Les grosses chaleurs sont passées. Aujourd'hui est un jour inhabituel pour monsieur Tortue. Il l'attend depuis longtemps maintenant, avec patience et un petit fond d'inquiétude aussi. C'est le jour de son rendez-vous avec madame la docteure Chouette. Il l'a décidé, il ira seul. Il ne veut pas inquiéter autour de lui. Monsieur Tortue prend doucement de l'âge et ses genoux lui font de plus en plus, et de plus en plus souvent mal. Il prend régulièrement des médicaments pour soulager mais cela ne semble plus suffisant. Marcher, se déplacer devient plus difficile et le limite dans les activités qu'il aime beaucoup faire. Il est content car il va pouvoir parler de tout cela à madame Chouette.

C'est son tour. Madame Chouette est très à l'écoute, l'examine, puis lui donne son avis. Elle pense qu'il est souhaitable d'opérer son genou droit, pas dans l'urgence mais bientôt. Beaucoup de pensées et d'émotions mélangées arrivent les unes après les autres, elles se bousculent même. Il pense immédiatement à Grignotte, sa compagne de tous les jours, sa compagne de promenade aussi… Elle ne pourra pas rester avec lui et ceci pendant toute la durée de ses soins, plusieurs jours ou plus, le temps qu'il se rétablisse et puisse rentrer chez lui. Monsieur Tortue garde cela pour lui. Il ne le dit pas mais sa gorge et sa poitrine se serrent à cet instant.

La date de la chirurgie approche. Grignote vieillit elle aussi doucement. L'inquiétude est là. Monsieur Tortue ne cesse de tourner et retourner les mots et les phrases dans sa tête : « Comment cela va-t-il se passer ? Combien de temps allons-nous réellement être séparés ? Comment Grignote va-t-elle se débrouiller sans moi ? Est-ce que l'opération va marcher, et moi est-ce que je vais remarcher comme avant ? Et s'il arrivait quelque chose à Grignotte en mon absence ! Et si je... n'étais plus jamais là pour elle... »

Soudain, TOC TOC TOC ! Mais qui est là ?

« C'est moi, Shiny, je suis avec Cocci. » *(Monsieur Tortue ouvre la porte)*, « Je passais voir si vous aviez besoin d'un peu de brindilles pour le feu de cheminée. Je viens d'aller en chercher dans la forêt. »

« Comme c'est gentil, cela me va droit au cœur. Je n'ai besoin de rien mais entrez donc un peu vous réchauffer. Il fait déjà frais à cette heure-ci en cette saison. » Shiny et Cocci acceptent l'invitation mais juste pour un petit moment car ils ont encore beaucoup à faire.

La lumière du soleil filtre par la petite fenêtre du salon, pourtant Shiny voit bien que monsieur Tortue n'est pas comme d'habitude. Il a l'air fatigué et il a une petite gesticulation sur sa chaise qu'il ne lui connaissait pas auparavant. Après un petit temps d'observation, il demande en posant ses mots : « Monsieur Tortue, je remarque que vous changez souvent de position sur votre chaise. Y a-t-il quelque chose ? Comment vous sentez-vous en ce moment ? » Les yeux un peu agrandis puis tout pleins de larmes, le souffle un peu coupé, monsieur Tortue pince un peu ses lèvres et fait non de la tête. Shiny et Cocci se regardent un instant puis Shiny dit « Respirez, simplement… on est là, avec vous. » D'un battement d'ailes, son amie coccinelle se pose délicatement sur la cuisse de monsieur Tortue.

Monsieur Tortue ressent à nouveau ce petit pincement dans sa poitrine et dans sa gorge, mais cette fois, il décide de dire. Deux grosses larmes s'échappent de ses paupières et commencent à couler en empruntant de chaque côté une ride sur sa joue avant qu'il ne l'essuie d'un revers de main et renifle. Il raconte beaucoup. Il raconte tout. Ses inquiétudes, ses interrogations, ses doutes, ses douleurs qui le gênent, les jours qui passent aussi…

Grignote le regarde tendrement tout en plissant un peu ses yeux et fronçant les sourcils.

Doucement, les yeux de monsieur Tortue s'assèchent. Son corps se dépose sur la chaise. Il sent son cœur se détendre un peu. Shiny sait ce que c'est de se sentir blessé et d'avoir besoin de soins. Il écoute attentivement, puis sourit : « Vous voyez, vous aviez bien besoin de quelque chose mais ce n'était pas des brindilles ! »

(*Silence.*) « Grignote va me manquer. Et j'ai peur qu'elle ne se débrouille pas sans moi », dit monsieur Tortue. Un silence déshabité de respiration* surgit à nouveau et avec lui la petite gêne dans la gorge.

Les joues de Shiny prennent une teinte un peu rosée. Il est certainement ému par les mots de monsieur Tortue. Son regard se pose vers le bas comme pour prendre un peu plus contact avec lui-même.

* Dans le silence on peut parfois percevoir le bruit de notre respiration mais là, le souffle de monsieur Tortue est coupé.

« Oui, je comprends. Nous serons là pour aider Grignotte si besoin. Et puis il y a sûrement quelque chose qui peut vous aider à sentir sa présence malgré la distance. » Shiny se pose encore quelques instants dans sa respiration. Au bout de son nez, il sent l'air entrer...et ressortir... inspire... expire...

Vous qui écoutez cette histoire, avez-vous une idée de ce que monsieur Tortue pourrait faire pour sentir sa présence ? Je vous invite à faire une pause de quelques secondes ou plus, pour laisser venir les pensées ou bien discuter si vous êtes plusieurs.

Où en étais-je ? Ah oui, j'y suis.

Le regard de Shiny, se pose vers le bas comme pour prendre un peu plus contact avec lui-même. « Oui, je comprends. Nous serons là pour aider Grignotte si besoin. Et puis il y a sûrement quelque chose qui peut vous aider à sentir sa présence malgré la distance. » Shiny se pose encore quelques instants dans sa respiration. Au bout de son nez, il sent l'air entrer... et ressortir... inspire... expire...

Pour Grignotte et monsieur Tortue, l'idée fût de faire deux jolies photos de Grignote dans les bras de monsieur Tortue. Grignote la fit immédiatement trôner sur la cheminée. Monsieur Tortue, lui, décida de la mettre... savez-vous où ? Dans la petite poche de son haut de pyjama, vous savez, celle qui est sur le cœur ! Ainsi elle l'accompagnera partout.

Une attention, une respiration, une écoute, un échange, une présence... bien sûr la douleur au genou était toujours là, et en même temps, après tout cela, le soleil fit vraiment cette fois son entrée remarquée dans le salon.

Le grand jour et les petites choses

4

Le printemps approche. Les jours sont maintenant plus longs dans un presque équilibre avec les nuits. Un jour important s'annonce et se prépare. Le jour de la fête du printemps !

Grignote le sait, mais il y a quelque temps sa santé était encore fragile. Elle espère très fort pouvoir y assister. Le docteur Chouette pense que c'est possible. Il lui recommande simplement de bien suivre son traitement et peut-être même... on aura pu lui enlever tous ses pansements ! Elle n'a pas encore assez d'énergie pour participer aux préparatifs mais ses amis la tiennent au courant.

Aujourd'hui, c'est le grand jour ! Tout le monde est là : Tic Tac, Patati, Cocci, Shiny, Need, monsieur Tortue, et même la chorale des jeunes oiseaux de la forêt. Notre amie Grignotte aussi est là, et sans ses pansements ! Tout est beau, soigneusement préparé pour faire la fête. Banderoles, rubans, jolies tables, chacun a mis ses plus beaux habits. Musique, chants, farandoles sont au rendez-vous. Tout va pour le mieux. Chacun s'amuse et rit de bon cœur.

Pourtant, quelque chose d'invisible pour l'œil est quand même là aussi. Discret, tapis, diffus comme une brume légère qui couvrirait le sol autour de Grignote.

Grignote est au milieu de la fête et pourtant elle n'est pas dedans non plus. Pris dans la fête et son propre mouvement, Patati, dynamique et enthousiaste, vient vers elle et lui prend le bras pour l'inciter à danser aussi. Le plus jeune des oiseaux chanteurs vient lui répéter son récital juste devant le bout de son nez en faisant beaucoup de vent avec ses ailes. Une farandole passe autour d'elle gaiement sans pourtant la convaincre de l'emporter.

Même Cocci est captivée par l'ambiance. Grignotte, elle, ne voit plus ses pieds, elle ne les sent plus même ! Elle sent sa tête tourner de plus en plus vite.

Comme elle le remarque, elle se met à serrer fort les poings comme pour reprendre contact volontairement avec son corps.

Alors que tout le monde chante, vit, danse, s'agite pour servir, seul monsieur Tortue la voit vraiment. C'est peut-être le rythme lié à son âge qui l'y aide. Alors, doucement il rapproche sa chaise et s'installe près d'elle.

Sans rien dire, il regarde ce qu'elle regarde. Sans rien faire, il est là simplement, à une distance qui respecte son intimité. Grignote ne le regarde pas. Elle sait qu'il est là, elle apprécie son simple choix de silence habité. Elle regarde l'agitation à laquelle elle ne veut ou ne peut pas prendre part. Rien n'a changé en apparence mais tout a changé pour eux en réalité. Ce changement est d'abord intérieur. Elle savoure ce moment. Une douce chaleur l'envahit tout entière, ses joues rosissent, son cœur bat plus fort, même une petite larme pourrait bien couler sur sa joue. Elle tourne la tête et lui sourit. Il lui sourit en retour. Ça y est ! Elle est dans la fête ! Curieusement, à ce moment

Shiny, qui était sur scène, tourne la tête vers eux. Un discret sourire apparaît sur son visage. Il semble rassuré que monsieur Tortue soit près de Grignote.
« Comment te sens-tu ? » lui dit doucement monsieur Tortue.
« Un peu mieux, mais je suis encore fatiguée et il faut que je pense à prendre mon traitement. » *(Silence, ses sourcils se froncent, son visage se tend légèrement.)*
« Je comprends. » Et il respire alors en remarquant qu'il respire. « Je peux t'aider à y penser si tu veux. De quoi as-tu besoin maintenant ? » *(Silence.)*
« Je te remercie, je vais y penser, je le prendrai avec le repas. Je crois qu'une petite pause au calme me ressourcerait. »
« Veux-tu que je t'accompagne ? »

Le visage de Grignote change encore et paraît plus serein, ses pieds sont bien ancrés dans le sol, la brume invisible s'est dissipée.

« Pour le moment j'ai besoin d'être un peu seule, mais si tu le veux bien, tu peux venir me chercher dans quelques minutes sous le grand chêne. L'idée de revenir profiter du repas avec toi me fait grand plaisir. »

Et vous qui écoutez cette histoire, d'après vous ? Comment se sent monsieur Tortue ? Que ressent-il ? Quelles sensations perçoit-il dans son corps ? À votre avis, sont-elles agréables, neutres ou désagréables ? A-t-il envie de réagir ?

Que se raconte-t-il à l'intérieur de lui-même ? Quelles pensées le traversent à ce moment ? Sont-elles simplement de passage comme les nuages dans un ciel bleu par une brise légère ou bien nombreuses et agitées comme des feuilles d'automne prises dans un tourbillon de vent, ou encore uniques mais revenant comme une manivelle après chacun de ses tours.

Je vous propose de prendre une petite pause pour laisser venir ce qui vous vient ou échanger ensemble si vous êtes plusieurs.

Pour savoir ce qui traverse et anime monsieur Tortue, il faudrait que nous allions à sa rencontre, la rencontre de son monde intérieur... comme une simple proposition, qu'il saisirait ou pas, avec prévenance et respect, tout en douceur et en tempo accordé.

Et à votre avis que décide finalement monsieur Tortue ?

Je vous propose maintenant de reprendre le fil de notre histoire. Grignotte exprime à monsieur Tortue qu'elle souhaite se ressourcer au calme seule et lui propose de la rejoindre dans quelques minutes avant de revenir vers la fête.

Après un silence accompagné d'un intense échange de regards entre eux, monsieur Tortue sourit et acquiesce d'un signe de tête : « À tout à l'heure alors, avec plaisir aussi ! », puis il regarde Grignotte s'éloigner en l'accompagnant de son doux regard.

Inutile de vous dire qu'une fois Grignotte ressourcée et monsieur Tortue ravi de la revoir, le repas fut délicieux.

L'attention était clairement de la partie. Parfois la fête n'est pas là où on l'attend et tient à si peu de choses... enfin, en apparence !

Marmotton et les poils

5

Aujourd'hui le soleil est au rendez-vous de façon très surprenante pour un début d'hiver. Il invite à sortir dehors.

Marmotton se prépare. Son grand frère, Martin, lui a demandé de l'aide pour rentrer un peu de bois car les jours à venir seront certainement de plus en plus froids. Marmotton malgré son jeune âge est très volontaire mais se prépare lentement. En plus il doit veiller à bien placer ses élastiques de chaussettes et les étiquettes de son T-shirt car il est très sensible, sinon cela le gêne toute la journée. Tout cela lui prend toujours beaucoup de temps. Martin, qui sent un peu d'impatience monter, décide de l'attendre dehors. Sur le pas de la porte un rayon de soleil vient lui caresser la joue. Il s'arrête alors un instant pour en profiter pleinement. Il sent la douce chaleur sur sa joue et en même temps il tourne son attention vers sa respiration au bout du nez… c'est Cocci qui l'avait fait avec lui quand il était petit. Après cela seulement, car il y a rarement urgence à la minute, il commence à ranger les bûches.

Tous deux travaillent gaiement, chacun à sa tâche. Martin prend les grosses bûches pour les empiler sous l'abri le long de la maison. Marmotton, lui, coupe les petites branches à bonne taille pour les mettre à part ; elles serviront à démarrer le feu de cheminée. Marmotton adore ces moments partagés avec son frère. Leur différence d'âge est telle, que leurs occupations et leurs centres d'intérêts ont plutôt tendance à les éloigner. En plus, aujourd'hui, vraiment, un pull suffit pour sortir ! Le soleil leur chauffe le dos, l'activité leur chauffe le corps et leur présence mutuelle leur chauffe le cœur… et en même temps, Marmotton commence à fatiguer. Tout à leur entreprise ni l'un, ni l'autre ne s'en rend compte.

Martin, bercé par la rythmicité de ses gestes, pense à tout et à rien à la fois. Soudain il se souvient de la semaine dernière quand Marmotton s'est blessé le coude en grimpant à un arbre. « Au fait, comment va ton coude ? », demande-t-il à son petit frère. « Ah oui, bah, ça va, je ne sens plus rien. », répond Marmotton, qui continue d'empiler et de classer consciencieusement ses brindilles.

Martin : — Ce n'est pas aujourd'hui que tu dois enlever ton pansement ?

Marmotton : — Si. Mais je n'ai pas envie d'y toucher. *(Il soupire et continue comme si de rien n'était.)*

Martin : — Ah. Tu veux que je te l'enlève ?

Marmotton : — Non. Je ne veux pas, ça va me faire mal. *(Il soupire à nouveau, son visage se crispe et change de couleur. Son regard est plus noir. Ses gestes sont plus rapides et brusques.)*

Martin : — Pas forcément. On fera tout doucement. *(Martin s'est arrêté de s'affairer et regarde Marmotton faire.)* Attention, ton tas est trop grand. Tu en mets trop au-dessus et la base n'est pas assez large.

Soudain, BING ! PATATRAS ! La moitié du tas de brindilles si soigneusement rangées dégringole par terre !

La surprise est telle que Martin se fige et ne bouge plus même d'un cil.

Attirée par le bruit, notre amie Cocci vient tournoyer autour des garçons et se pose sur l'épaule de Martin.

À votre avis, que va dire Cocci ? Et Martin, comment se sent-il ? Que va-t-il se passer ?

Marmotton recule d'un bond et tempête : « Tu m'embêtes, c'est de ta faute ! Arrête de me regarder ! Et puis, JE NE VEUX PAS qu'on m'enlève le pansement ! » *(Il est au bord des larmes.)*

Dans notre histoire, Cocci, les invite tous les deux à faire une petite pause. De toute façon, c'est l'heure de manger, ils ont faim et ils ont suffisamment travaillé.

Ensuite, après un bon repas et une petite sieste, Martin, assisté de Cocci propose de nouveau à Marmotton de l'aider à retirer son pansement. C'est incroyable ce que les choses ont changé. Malgré les poils qui ont repoussé et le pansement qui colle encore très fort, Marmotton commence à le retirer lui-même puis il s'arrête. « Aïe, ça fait mal ! », dit-il en grimaçant.

« Oui, c'est possible que ça tire car tes poils ont repoussé et ça colle bien. », lui dit Martin, qui, du fait de son âge, connaît bien ce problème qu'ont toutes les marmottes avec les blessures, les poils et les pansements… il sait aussi combien de petites choses en apparence peuvent nous préoccuper parfois.

« Respire. Prends le temps. On va mettre un peu d'huile sur les bords pour que ça se décolle plus facilement. Je vais en chercher, en attendant, respire simplement. Martin est là avec toi. », lui dit Cocci de sa voix posée. « Je suis sûre que ça va bien se passer. »

Malgré, son appréhension, Marmotton fait de son mieux pour sentir sa respiration dans son ventre. Il souffle, et il inspire… il souffle, puis il fait rentrer l'air de nouveau au bout de son nez. Bientôt, il sent tout son corps qui respire. Il sent sa respiration dans son coude encore recouvert du pansement, comme une vague qui va et vient. Martin est là tout près, il respire avec lui. Il se sent tout fier et tout heureux d'être là dans ce moment, pour son frère.

> Et vous qui lisez ou écoutez, savez-vous respirer avec votre ventre comme nos amis ? Et même avec tout votre corps ? La suite, vous la connaissez… mais vous ne vous doutez pas de tout, j'en suis sûre.

Quand Cocci revient avec l'huile, Marmotton, désencombré de sa peur, a déjà enlevé son pansement ! Pour accueillir Cocci qui arrive comme un hélicoptère d'urgence, il agite fièrement son pansement comme un drapeau, en riant aux éclats d'un air malicieux ! En plus la blessure s'est envolée et la cicatrice est déjà bien recouverte par… les poils !

Sous les yeux amusés et attendris de Cocci, Marmotton se jette dans les bras de Martin et lui murmure à l'oreille : « Merci. C'est grâce à toi… »

Martin, tout ému de ce contact et de ces mots, lui chuchote : « J'ai tout vu, et… c'est toi qui l'as fait ! »

Ce jour-là, et une fois de plus, la présence, la patience, le lâcher prise et la confiance étaient au rendez-vous. La respiration aussi !

Et vive les poils !

II • VOUS AVEZ DIT MÉDITER ? NOUS RENDRE PLEINEMENT PRÉSENT ?

Quelques explications pour les adultes

La pratique de la *Mindfulness* ou « méditation de pleine conscience » ou « pleine présence » en français, a prouvé scientifiquement son efficacité, entre autres, sur la réduction de l'anxiété, mais aussi sur la prévention des rechutes de dépression, la prise en charge des douleurs chroniques, le retentissement psychique des acouphènes, et son rôle sur l'immunité et les marqueurs de l'inflammation.

Il s'agit d'une pratique méditative **laïque**. Pour les enfants, on parle aussi d'éducation à l'attention. Mais, l'attention, qu'est-ce que c'est ? Et concrètement, comment faire pour nous rendre attentif ? La définition du dictionnaire Larousse nous dit : « l'attention est la capacité de concentrer son esprit volontairement sur un objet déterminé ».

« La pleine conscience se définit comme la conscience qui surgit lorsque nous prêtons délibérément attention, dans l'instant présent et sans juger », écrit Jon Kabat-Zinn* dans son livre *Être parent en pleine conscience*. Jon Kabat-Zinn est l'instigateur des recherches initiales sur la *mindfulness* aux États-Unis qui ont prouvé une efficacité sur la prise en soin de l'anxiété.

---

* Jon Kabat-Zinn est professeur émérite de médecine et fondateur de la Clinique de réduction du stress et du Centre pour la pleine conscience en médecine de l'université médicale du Massachusetts. Il est à l'origine de la création du protocole *Mindfulness Based Stress Reduction*.

L'un des exercices importants de la pratique de la pleine présence consiste à nous poser et respirer de façon consciente en étant attentif à toutes les sensations de la respiration, par opposition à respirer en mode automatique spontané. Quand nous décidons de nous accorder une petite pause, pour nous rendre attentif à notre respiration ou à ce qui nous arrive par nos cinq sens, nous passons du mode «faire» au mode «être», ou «ressentir».

Pourquoi centrer notre attention sur notre respiration?

D'abord parce que les mouvements de notre respiration nous accompagnent partout, c'est une ressource toujours disponible et elle nous renseigne sur notre état du moment. Ensuite, il est souvent plus facile de focaliser notre attention sur une cible mouvante que sur une cible fixe.

Pour l'enfant comme pour l'adulte, nous pouvons nous laisser bercer par nos propres mouvements respiratoires. Pour les parents ou les grands-parents, lorsque notre enfant ou petit-enfant est sur nous ou dans nos bras, l'attention à la respiration peut apporter beaucoup à chacun. Ce peut être un moment d'attention à nous-même et mutuel, pleinement senti, vécu et riche en informations.

Les habiletés développées par la pratique de la pleine présence sont essentiellement : la capacité à être attentif à ce qui se passe maintenant, la capacité d'observation, la capacité de description et de verbalisation, le non-jugement et la bienveillance prêtée à soi, la capacité à ne pas réagir de façon automatique ou impulsive.

Pour sentir les effets de la pratique, il nous est nécessaire de nous entraîner souvent et au début en période calme sur le plan émotionnel. Un entraînement quotidien est conseillé. Même quelques minutes. C'est le même principe qu'un entraînement musculaire, le muscle se développe lorsque nous faisons des exercices, des efforts. De façon similaire, nos connexions cérébrales se développent lorsque nous pratiquons les exercices d'attention régulièrement. On parle de neuroplasticité cérébrale.

La recherche a montré que la méditation de pleine conscience pratiquée quotidiennement sur 8 semaines entraîne un épaississement de certaines zones cérébrales et ralentit la neuro-dégénérescence.

Les premiers programmes d'entraînement scientifiquement validés dont vous entendrez peut-être parler, sont MBSR (pour *Mindfulness Based Stress Reduction*) le tout premier, développé par Jon Kabat Zinn aux États-Unis, puis MBCT (pour *Mindfulness Based Cognitive Therapy*) le deuxième, développé par Zindel Sigal en Grande-Bretagne.

En France, la pratique de la *mindfulness* se développe depuis les années 2000 sous l'impulsion de Christophe André qui est psychiatre. Le déploiement des formations proposées aux professionnels de santé va croissant, tant au plan des formations universitaires que les formations continues des professionnels. Vous en trouverez les références à la fin de ce livre. Grâce à la recherche, nous savons maintenant que cet entraînement de l'attention, a un intérêt dans de nombreux domaines en santé et en éducation pour l'adulte comme pour l'enfant. Vous trouverez des ressources pour aller plus loin dans le chapitre « ressources et bibliographie » en fin d'ouvrage.

En ce qui concerne le soin prêté aux enfants, j'attire votre attention sur l'importance de vous poser vous-même. L'enfant agit souvent en miroir de notre attitude. Vous pouvez simplement inviter l'enfant à se poser ensuite avec vous. Laissez-le toujours libre de ses mouvements.

Lors des exercices d'entraînement à l'attention, je vous invite à faire l'expérience d'accueillir tout ce qui se présente à vous dans l'expérience du moment, y compris votre propre ressenti, avec bienveillance en sans jugement. Dans cette démarche, il n'y a pas de bonne ou de mauvaise réponse. Toutes les observations sont vraies pour la personne qui les note à un instant donné : le plus important est d'observer et accueillir ce qui est pour la personne. L'enfant a entendu un son : c'est ok… vous avez entendu autre chose : c'est ok aussi. Chaque écoute peut apporter une autre perception, c'est habituel.

Après cet instant de pause avec l'enfant, votre écoute attentive de ses réflexions spontanées ou de ses silences est à nouveau sollicitée. C'est peut-être l'occasion de pratiquer un « dialogue exploratoire », dans un esprit d'ouverture et sans jugement. Comme si vous tombiez de la lune, vous pouvez questionner l'enfant, vous pouvez commencer vos phrases par : « Que… ? Qu'est-ce que… ? Comment… ? », en étant curieux de ses réponses comme si vous étiez un extraterrestre qui découvre l'enfant pour la première fois.

Pour finir, soyez sûr que votre présence attentive est un grand trésor que vous offrez à l'enfant. Dans bien des situations, elle suffit, et l'enfant trouve ses propres ressources et solutions.

À travers les exercices d'entraînement « formels » ou simplement les expériences que nous emmène spontanément le quotidien de la vie, je vous souhaite beaucoup de belles découvertes et de partages avec les enfants en pleine présence.

Créer les conditions propices à l'entraînement « formel »

Certaines conditions sont plus propices que d'autres pour démarrer un entraînement dit « formel » à la méditation de pleine conscience. L'entraînement formel, c'est pratiquer des exercices d'attention tels que la respiration en pleine conscience ou les étirements en pleine conscience en se créant des conditions particulièrement propices à l'entraînement. Créer les conditions les plus propices possibles est précieux, cela facilite notre régularité et notre concentration.

Plusieurs éléments peuvent aider :

- Anticiper et préparer les éléments nécessaires à l'exercice que vous avez décidé de pratiquer. Plus l'enfant est jeune et moins il pourra patienter s'il faut encore préparer quelque chose avant de se lancer.
- Trouver un coin ou plusieurs, dans la maison ou en dehors, qui sera propice à la pratique. Cet endroit pourra être propice au calme, à la lenteur et la continuité. Il peut parfois être nécessaire de signaler aux personnes qui habitent avec vous que vous allez pratiquer un exercice d'attention et donc que vous avez besoin de quelques minutes de tranquillité et de continuité. Un petit affichage « méditation en cours » sur la porte peut être utile. Après un peu de pratique, il est tout aussi possible et entraînant de s'accorder un temps pour soi

au beau milieu de la maisonnée, du mouvement et de l'ambiance sonore, en prévenant néanmoins l'entourage de votre intention de pause pour vous-même. Sous cette forme, peut-être sur un temps plus court, nous pouvons ainsi intégrer la pratique à notre quotidien sans avoir à opérer de très grands changements.

- Avoir un peu de matériel à disposition et en double si besoin (coussin de sol, tapis de sol ou de yoga, petite couverture pour les moments plus statiques, doudou, bol chantant ou triangle) ; une chaise ou un fauteuil peut tout à fait bien faire l'affaire. Faites simple.
- Réfléchir à quel moment vous pensez pouvoir pratiquer de façon formelle et aussi à quel moment vous pouvez pratiquer de façon informelle dans votre journée.
- Faire des essais d'horaires : le matin est parfois plus propice pour certaines personnes, pour d'autres ce sera en fin d'après-midi ou le soir avant de dormir. Chacun ses préférences, simplement si vous sentez facilement de la torpeur venir, ou si vous vous endormez souvent, privilégiez peut-être la pratique le matin car il s'agit d'exercices d'attention qui requièrent toute votre vigilance.
- Utiliser la technologie pour ce qu'elle peut nous apporter (fonction dictaphone, applications, notes, *timer*, etc.).

Le plus important étant de vous entraîner vous-même et de vous préparer en vous mettant en intention d'ouverture, de curiosité, de patience, de flexibilité, de confiance et de non-jugement avant, pendant et après l'exercice, lors du partage d'expérience avec l'enfant.

Il est possible d'inviter un autre participant adulte à pratiquer l'exercice avec vous et l'enfant. Par exemple un grand-parent ou un ami proche. Je vous conseille d'avoir pratiqué vous-même quelques fois l'exercice au préalable et de demander à la personne que vous accueillez de participer en suivant les mêmes consignes que l'enfant et considérer que l'interaction entre les participants se fait de façon horizontale à cet instant et notamment lors du partage d'expérience. Cela fait partie de la cohérence de la démarche d'accueillir l'expérience et la parole de chacun de façon équivalente. Il n'y a pas de bonne ni de mauvaise observation. Tout est observation, et toute observation est « valable et recevable » pour la personne qui la vit. C'est « vrai » pour elle à cet instant puisque c'est observable par elle. Même le « rien remarqué » est ok. Je reviendrai très régulièrement sur cette notion car elle est fondamentale. Quand vous pratiquez, vous entrez délibérément dans l'exercice et vous observez instant après instant avec l'œil d'un extraterrestre qui découvre tout de l'autre et de lui-même. Globalement, au moment du partage d'expérience chacun accueille la parole de l'autre telle qu'elle est à cet instant et tout est « ok ». Concrètement, il y a des situations qui peuvent être plus délicates que d'autres.

Quelle attitude puis-je adopter dans les situations délicates ?

Si l'enfant ou un autre adulte ne veut pas pratiquer l'exercice : c'est ok, vous pouvez alors simplement l'inviter à rester dans la même pièce que vous pendant que vous pratiquez pour vous-même et lui demander de veiller à ne pas vous interrompre. Vous pouvez lui signaler que c'est un moment que vous vous accordez à vous-même et que vous serez ensuite disponible pour lui. Choisissez une durée d'exercice adaptée au moment et à ce que vous sentez possible pour lui en tenant compte de son âge, de ce qu'il a vécu juste avant et de ce qui est prévu au planning après… du temps qu'il fait, de son humeur du moment, bref d'un maximum d'éléments à votre disposition. L'exercice sera alors pour lui de patienter et de vous respecter dans votre choix de pratiquer l'exercice pour vous-même.

Si l'enfant ou un autre adulte ne veut pas rester avec vous pendant que vous pratiquez : c'est ok aussi. Ce sera l'occasion pour lui de patienter en dehors de votre présence, ce qui est un exercice en soi pour les plus jeunes et même parfois pour des adolescents.

Si l'enfant ou un autre adulte ne veut pas s'exprimer au moment du partage d'expérience : c'est ok. Selon votre envie vous pouvez alors exprimer vos observations de votre propre expérience, prenant soin de commencer vos phrases par « Moi, aujourd'hui, dans cet exercice, j'ai remarqué… j'ai ressenti… »

Si l'enfant ou un autre adulte porte un jugement sur l'exercice ou sur lui-même, ou encore sur vos propres observations ou celles d'un autre participant : accueillez aussi sa parole et invitez-le à identifier la nature de son propos. Vous pouvez par exemple lui dire : « J'entends que tu dis ça (reformuler)… Qu'est-ce que ça signifie pour toi ? (laisser préciser). À ton avis selon toi, c'est quoi cette phrase ? Une pensée, un souvenir, quelque chose que tu penses de l'avenir, ou un jugement ? » Puis après l'avoir laissé réfléchir ou parlé, vous pouvez lui dire ce que vous en pensez. Vous avez le droit, de débattre, de ne pas être d'accord, de vous tromper, de l'admettre, de revenir à la définition du jugement, etc. l'essentiel est d'engager la discussion plus sur la forme que sur le fond. Dans les jugements les plus courants on compte : « C'est nul », « Ça sert à rien de faire ça », « Ça sert à rien de dire ça », « Je suis nul ou con ou bête », « Je perds mon temps », etc. Je suis sûre que vous en connaissez d'autres (le plus souvent observé avec les adolescents ou les adultes, peu avec les plus jeunes). Je vous laisse allonger la liste si vous le souhaitez. Il est important de mentionner ici que certains auront tendance à répondre à un jugement par un autre jugement, ce qui manquerait de cohérence. Le plus important est simplement de l'identifier ensemble. Par ailleurs, il s'agit d'un travail d'observation très important car nous pouvons avoir ces mêmes jugements sous forme de petits commentaires intérieurs non exprimés et plus ou moins identifiés. Il est important de souligner que les jugements, les critiques que l'on se fait à soi-même peuvent, surtout lorsqu'elles sont fréquentes ou répétitives, nuire à notre bien-être mental. C'est important de le dire aux jeunes et de leur apprendre à les identifier et cultiver la bienveillance envers eux-mêmes. Cela est très préventif vis-à-vis des risques psychosociaux et notamment dans la prévention des comportements auto-agressifs qui, nous ne pouvons pas l'occulter, sont présents et de façon croissante dans notre société.

Souvenez-vous toujours que, quand cela ne va pas comme vous voulez que cela aille, **le plus important est de pratiquer vous-même**. Dans mon expérience personnelle et professionnelle, lorsque nous changeons quelque chose dans notre propre attitude, l'entourage humain, dont l'enfant fait partie, a besoin de temps pour adapter son propre comportement. Ce temps nécessaire est variable selon la personne et les moments de vie. La vie elle-même nous apporte toutes sortes d'occasions d'enrichir notre pratique et notre expérience, et il y aura des difficultés, des écueils, des efforts à faire de la part de chacun. C'est ainsi et assez universel. Parfois des événements auxquels on ne peut rien changer s'imposent à nous. Nous pouvons alors uniquement changer notre positionnement intérieur, notre posture face à eux. Vous êtes la seule personne sur laquelle « vous avez la main » en termes de changement. Nous ne pouvons rien imposer à autrui en matière de posture intérieure, d'évolution ou de développement, même à un enfant. C'est pourquoi nous pouvons dire de telle ou telle personne (enfant ou adulte), lorsque nous pratiquons la pleine présence, qu'**elle est en quelque sorte « notre maître »**, lorsque nous rencontrons des difficultés. Elle est « notre maître » dans la mesure où elle est un révélateur, ou nous apprend en effet quelque chose de nous-même à cette occasion, en nous poussant à réfléchir ou dans nos retranchements, ou à **méditer de plus belle !** Une occasion de pratiquer la patience, la confiance, le lâcher prise, le non-jugement, le fait de ne pas tendre vers un but avec effort… en somme, de cultiver tous les piliers de la pratique de l'attention.

Souvenez-vous que tout est mouvant, changeant, rien n'est totalement permanent. Aujourd'hui c'est comme cela à cet instant mais l'instant d'après nous ne savons pas comment cela sera. Confiance, encore une fois...

Les interventions basées sur la pleine conscience, nécessitent le consentement de la personne et je dirais même son adhésion, sa curiosité et son ouverture, sa confiance qui lui permettront de pratiquer et de découvrir ce que peut lui apporter la pratique.

Donc en somme, il est important de surveiller, dans la mesure du possible, notre tendance à vouloir exercer « pour son bien » une pression incitant à pratiquer lorsque le patient ou son accompagnant adulte, ne manifeste pas d'intérêt pour cette démarche. Les professionnels de santé connaissent bien ce qu'implique le recueil d'un consentement « éclairé ». Le respect de cette dimension est vraiment essentiel.

Souvent, pour qu'il ait curiosité et ouverture, il faut que la démarche fasse sens pour la personne, que cela répondre à un besoin, une recherche de solution*.

* À ce propos, publiée en 2019 dans les *Annales médico-psychologiques*, une étude a été réalisée par le Professeur Gregory Michel à Bordeaux, auprès de 139 enfants scolarisés du CE2 au CM2. Trente pour cent d'entre eux présentaient une anxiété importante, un bien-être (physique, psychologique, de soi, familial ou scolaire) plus bas et des aptitudes de pleine conscience plus basses. Cette recherche a mis en évidence que pour ces enfants, l'intervention basée sur la pleine conscience à laquelle ils avaient participé a fourni des stratégies de régulation émotionnelle, a permis le développement d'aptitudes à la pleine conscience et une amélioration du bien-être, par rapport au groupe contrôle qui n'avait pas bénéficié d'intervention spécifique. Gregory Michel est Professeur de psychologie clinique et de psychopathologie à l'université de Bordeaux et chercheur à l'Institut

Je l'observe au quotidien dans mon activité de médecin ORL. Les personnes qui déclarent avoir le plus bénéficié des interventions basées sur la pleine conscience sont souvent les personnes qui rencontrent des difficultés et sont en recherche de solutions. Il y a sens lorsqu'il y a conscience ou prise de conscience de l'état de santé ou des conditions d'exposition au stress de l'enfant ou plus largement de sa famille. Les personnes qui « banalisent » le problème de santé ou qui ne se sentent pas exposées à un stress, sont les personnes qui bénéficient le moins de cette approche. Ce sont celles aussi, mais cela va de pair, qui sont les moins motivées pour l'entraînement. Or clairement en *mindfulness* : pas d'entraînement personnel = pas d'exploration, ni de découverte. Dans mon expérience personnelle en tant que professionnelle, j'observe une relation de proportionnalité entre intensité de l'implication personnelle et intensité des découvertes, donc : vous êtes soignant, entraînez-vous personnellement ; vous êtes éducateur ou enseignant, entraînez-vous personnellement ; vous êtes parent, entraînez-vous personnellement… j'insiste mais ceci est fondamental.

---

des Sciences criminelles et de la Justice. Docteur en psychopathologie et psychologie clinique, psychologue clinicien - psychothérapeute, et expert près la Cour d'appel de Bordeaux.

Que faut-il savoir sur les précautions à prendre ?

Au plan de la sécurité, pratiquer en période suffisamment calme sur le plan émotionnel est important. **Tout phénomène aigu : état douloureux aigu physique ou psychique ou anxiété marquée, état de panique, nécessite l'avis d'un professionnel de santé** (médecin, psychiatre, psychologue) **qui évaluera le traitement optimal (qui comportera ou pas, d'emblée, la pratique de la pleine conscience).**

D'une façon générale, il est préférable de tenir compte de ce que nous ressentons sur le moment. Quand la fatigue est là, privilégier le repos est sans doute préférable. Ressentir une « urgence à méditer » doit vous alerter. Une autre pratique que la méditation peut être plus indiquée à ce moment précis. Il est conseillé d'attendre un moment de relative sensation de stabilité émotionnelle pour méditer de nouveau. Le travail de l'attention est plutôt un travail de fond, préventif. Nous devons bien sûr redoubler de vigilance pour les personnes qui ont souffert d'états de panique ou de dépression, ou les situations post-traumatiques. L'avis du psychiatre traitant doit alors être requis avant de commencer un entraînement de l'attention par la *mindfulness*.

Par ailleurs, les émotions et les sensations corporelles peuvent être plus fortement ressenties au fil de l'entraînement. C'est habituel, lorsque l'on observe avec attention, les émotions qui peuvent être perçues ou la fatigue sont simplement révélées, rendues plus visibles par la pratique mais elles étaient certainement déjà présentes. Méditer c'est alors s'autoriser à aller à leur rencontre, les visiter, les accueillir.

De plus en plus de professionnels **de santé ont une double compétence, ils sont à la fois formés à la pratique de la *mindfulness* et ils ont un diplôme reconnu de profession de santé**. Avant de vous lancer dans une pratique de groupe, guidé par un praticien en *mindfulness*, questionnez-le sur son parcours de formation. Son parcours doit être, limpide, lisible, explicite, vérifiable et sans zone d'ombre. Cela est extrêmement important, d'autant qu'il s'agit d'entourer la prise en soin d'un enfant, donc par essence une personne en situation de fragilité. Les connaissances qu'a le professionnel de santé de la pathologie, de la prise en soin et du travail en réseau de soin, sont précieuses et indispensables.

En pratique, lorsque vous le décidez, vous serez amené à pratiquer de différentes façons. Votre propre entraînement personnel, est la base. Pour cela, vous pouvez pratiquer à l'aide de méditations guidées enregistrées, soit par votre praticien, soit par des ressources accessibles qu'il vous aura conseillées. Une liste non exhaustive de ressources figure en fin de cet ouvrage. Avec votre praticien *mindfulness* vous serez amené à pratiquer en individuel ou en groupe, de façon ponctuelle ou avec une rythmicité en fonction des besoins spécifiques de soins et suivant la problématique de santé de l'enfant. **Une information claire doit vous être apportée et votre consentement après délai de réflexion est nécessaire avant tout début de pratique de *mindfulness*.**

Durant tout cet ouvrage j'insiste sur la nécessité pour nous, adulte accompagnant, de nous impliquer nous-même dans notre propre entraînement à la pleine présence attentive. Pourquoi cela me paraît très important à souligner ? Parce que, lorsque seul l'enfant s'entraîne, d'abord l'entraînement à la maison est moins aisé, motivant et régulier, voire impossible pour les très jeunes patients sans cette implication de l'adulte. La deuxième raison est que, dans mon expérience, l'enfant adopte rapidement une posture inhabituelle pour l'adulte qui ne connaît pas intimement l'entraînement à l'attention pour l'avoir expérimenté lui-même. Cela peut générer des incompréhensions désagréables qui peuvent très simplement être évitées. Plus simplement, lorsque l'enfant et les adultes autour de lui sont dans la même dynamique, quel que soit le sujet abordé, les échanges, le partage d'expérience et la motivation sont bien plus denses.

Enfin, il est possible que certains d'entre nous soient très « emballés » par cette approche après l'avoir éprouvée et veuillent la faire connaître, la diffuser, voire même, la transmettre. Si ceci vous parle, alors je vous invite à faire une petite pause pour faire le point sur vos intentions, vos sources de motivation, vos ressources et vos limites. Ce livre vous permet de découvrir ou de conforter une pratique personnelle et d'accompagner un enfant dans ses soins. Transmettre vous-même plus largement autour de vous, nécessite d'avoir acquis à la fois une solide pratique personnelle de la *mindfulness* et une formation professionnelle. Si tel est votre envie alors reportez-vous en fin d'ouvrage pour y trouver des ressources de formation. Il est préférable également de cultiver et de rester dans votre champ de compétence initial, dans le champ de l'éducation si vous êtes déjà enseignant ou éducateur, dans le champ du soin si vous êtes soignant. Prenez le temps de mûrir votre projet, comme en méditation, le sentiment d'urgence à vouloir transmettre est un signe d'alerte. Il y a rarement une urgence en la matière. Posez-vous et respirez… cultiver votre pratique personnelle en premier lieu, c'est le plus important !

Idées reçues les plus courantes sur la méditation de pleine conscience

- La *mindfulness* apporte le calme (ou la détente) ou bien l'objectif est le calme : non !

C'est souvent la première des confusions. Parfois en pratiquant les exercices nous ressentirons du calme ou de la détente, parfois ce sera tout le contraire. Si parfois vous constatez du calme chez vous ou l'enfant avec qui vous pratiquez et du coup cette pensée fait irruption « c'est super ! Ça marche la méditation ! », alors souvenez-vous qu'il y aura des séances qui se passeront tout autrement, et c'est ainsi. Finalement, cette petite phrase devrait vous renseigner sur vos attentes. Posez-vous un instant et demandez-vous : « Qu'est-ce qui marche ? Quelles sont mes attentes ? » Et puis ensuite je vous propose de déposer ces attentes sur un petit journal de bord et les laisser là où elles sont pour poursuivre votre entraînement. La pratique de la méditation de pleine présence nous invite à identifier puis à lâcher nos attentes pour orienter plutôt notre attention sur l'entraînement et la direction que nous nous donnons, guidés par notre intention. Lâchons donc, et les objectifs et les attentes, tout en ayant de la douceur pour nous-même, lorsque nous observons aussi que ce n'est pas toujours simple.

- La *mindfulness* est toujours statique et donc ne convient pas aux personnes hyperactives : non !

L'entraînement à l'attention n'est pas du tout toujours statique. Il y a de nombreuses pratiques formelles en mouvement, le plus souvent en mouvements lents mais pas uniquement. De façon très informelle nous pouvons de toute façon pratiquer l'attention à notre corps en mouvement rapide ou à des gestes rapides. C'est le cas notamment lors de pratiques sportives, ou pour les soignants, lors de gestes de soins urgents. Nous pouvons tout à fait être extrêmement attentifs, à tous nos gestes, sensations et pensées, dans un enchaînement fluide, et habiter complètement notre corps à cet instant. Dans la pratique avec les enfants, il est très utile de savoir alterner des exercices en mouvements ou d'équilibre et des exercices plus statiques. L'animation de groupe demande beaucoup d'attention et de flexibilité. Cultiver notre attention à chacun, ainsi qu'à nos propres ressentis, nous permettra de renoncer parfois, à ce que nous avions prévu de faire, pour faire autre chose en fonction de l'attention disponible, de la fatigue, de l'état d'excitation du moment, etc., surtout s'il y a plusieurs participants. Concernant les enfants et les adolescents avec TDAH (mais également les adultes), la méditation de pleine conscience est en fait tout à fait indiquée, avec les aménagements que nous venons d'évoquer. Parfois cet entraînement par la *mindfulness* viendra simplement compléter une prise en charge médicamenteuse.

- La *mindfulness* est truc bouddhiste : non !

La méditation de pleine conscience est au contraire une pratique laïque, issue de pratiques Bouddhistes à son origine mais totalement déshabillée de toute référence religieuse. Il est cependant possible que la pratique même de l'attention, soulève des questions existentielles, et que l'enfant pose des questions inattendues sur des sujets profonds comme la vie, la mort, la naissance, « l'ordre des choses », le sens de la vie, etc. Il est possible aussi que certaines personnes aient, au cours d'une pratique de l'attention, une expérience spirituelle et la décrivent ainsi ou comme une sensation de connexion à « un vaste tout », ou autre chose encore. Cela peut survenir mais ce n'est pas ce que cherche à développer la pratique de la pleine présence.

La question des tout-petits

Les très jeunes enfants peuvent avoir spontanément des moments, brefs ou plus longs, d'une sorte de rêverie éveillée. On peut en effet voir des bébés, faire des pauses sur un tapis d'éveil, puis reprendre leurs activités. Nous pourrions parfois croire à tort qu'ils vont même s'endormir… mais non !

Bien sûr, pour nous en rendre compte, nous avons besoin d'être présents et attentifs, et de laisser alterner « action » et « non action », à leur guise. Offrir à l'enfant des moments à la fois dans l'espace et dans le temps pour « être et devenir » est précieux.

En parallèle de cette spontanéité et notre vigilance au « laisser-faire », nous pouvons leur apporter progressivement et de façon adaptée à chaque âge deux choses supplémentaires : notre propre attitude jusque dans nos habitudes quotidiennes, et un espace de pratique formelle. Partant de ce principe, il n'y a alors pas d'âge précis pour pratiquer. Je suis toujours frappée par la capacité d'attention au son des enfants nouvellement assis ou tout juste debout. À l'émission du son, ils se redressent comme de petites marmottes, et les « juste à peine plus grands » portent souvent la main ou le doigt à leur oreille. Leur regard se fige dans l'écoute du son. Lorsque l'adulte dispose de ressources attentionnelles suffisantes, il peut alors observer tout cela. Une séance de méditation préparatoire aux soins est parfois l'occasion de cette découverte pour les parents, qui parfois pensent leur enfant « trop jeune » pour participer et être attentif. De la même façon, nous pouvons avec les plus jeunes pratiquer un unique mouvement respiratoire conscient. C'est un début de pratique formelle ensemble. Le plus petit pas est un pas. Pratiquer ainsi avec eux, éveille leur attention de façon consciente ce qui est différent des moments de contemplation ou de rêverie éveillée spontanés.

Ensuite, vous l'aurez compris, il y a l'attitude que nous, adulte, nous développons par notre propre entraînement à l'attention, dans chacun de nos gestes, dans nos paroles ou notre écoute. Elle compte aussi énormément. L'humain a dans son cerveau, des neurones miroirs qui s'activent en fonction de ce qu'il observe. C'est de cette façon, par exemple, qu'en observant les gestes de notre entraîneur, nous pouvons pour partie déjà « savoir » un peu les exécuter. L'entraînement personnel fait le reste.

Enfin, il est possible que certains lecteurs adultes aient cette pensée : « Les histoires sont trop compliquées pour les plus petits. C'est bien pour les grands de plus de 4 ans mais ce n'est pas adapté aux plus jeunes. » Oui, à la fois vrai et faux. Vous pouvez écouter l'histoire pour vous, et offrir en même temps un contact au plus jeune, tout en invitant un enfant plus âgé à venir près de vous. Il n'est pas nécessaire de chercher à ce que chacun comprenne tout. Nous pouvons avoir chacun notre « lecture » de ces histoires. Elles seront pour certain un moment d'écoute de musique des mots, et d'autres y verront autre chose et une discussion ou non, s'entamera ensuite. C'est ainsi. Parfois ce sera ensuite l'occasion d'un récit autobiographique de l'un ou l'autre, adulte ou enfant. C'est possible aussi. À chacun son expérience, à chaque âge ses découvertes.

III • DES EXERCICES POUR S'ENTRAÎNER À L'ATTENTION

1. Écoute du son

∩ • 6

Dans cet exercice, je vais simplement vous demander d'écouter un son. Il s'agit d'un exercice d'attention focalisée. Je vous propose donc d'écouter le son du début, au milieu et jusqu'à ce qu'il disparaisse complètement.

Abordez cet exercice avec curiosité et ouverture. Le plus important est d'en faire l'expérience par soi-même.

Si vous êtes plusieurs à faire l'exercice en même temps alors précisez bien la consigne à tous les participants, avant de mettre en route la plage d'écoute ou bien de produire vous-même un son de triangle, bol chant ou carillon si vous en possédez un. Si vous n'en avez pas encore, peut-être pouvez-vous y réfléchir pour que l'enfant que vous accompagnez puisse avoir la possibilité de guider la méditation s'il le souhaite, ou de marquer quand il le désire dans la journée une petite pause pour lui-même.

→ **Consigne :** vous pouvez dire par exemple, « nous allons écouter un son, du début, au milieu, et jusqu'à la fin, jusqu'à ce qu'il disparaisse complètement. Chacun fait l'expérience d'écouter pour lui-même. Nous nous entraînons à ne rien dire pendant l'exercice par respect pour les autres. Chacun pourra dire ce qu'il a observé ensuite s'il le souhaite. Est-ce que tout le monde a compris ? Vous êtes prêts ? Alors c'est parti. » (*Faire sonner et écouter.*)

Bien sûr, vous vous entraînez vous-même à être attentif au son et vous observez votre tendance à vouloir réagir si l'un des participants lâche son attention et bouge ou parle par exemple. Cela fait partie intégrante de l'exercice pour chacun, mais aussi pour l'adulte surtout. La tentation est parfois grande de vouloir que les enfants soient calmes, respectent la consigne, ne dérangent pas les autres participants ou nous-même… l'idée n'est pas d'atteindre un objectif précis mais plutôt de nous entraîner pour nous mettre nous-même sur une trajectoire, un chemin à explorer. La « réussite » n'est pas de mise donc. Quelles que soient les choses qui surviennent durant l'écoute du son, ce seront des éléments observables et chacun pourra rapporter son expérience ensuite. Celle-ci est amenée à évoluer pour chacun. Il est très intéressant de pratiquer souvent cet exercice d'écoute du son pour en voir les nuances, aléas, variations, etc., de jour en jour et d'instant en instant.

Cet exercice est pour moi un exercice de base à consommer sans modération.

- **Matériel :** aucun ou un instrument à percussion qui émet un son un peu persistant comme le triangle ou le bol chantant, un Kalimba peut aller aussi mais le son est plus court. Avec le Kalimba, l'enfant peut s'immerger lui-même en revanche dans une musique méditative qu'il créera pour vous guider ou pratiquer seul. Vous pouvez utiliser cet instrument sans avoir aucune notion musicale car le sens est la simple attention à l'écoute et pas d'atteindre un objectif précis de création musicale jugée harmonieuse.
- **Variantes :** écouter le son et le silence après le son ; écouter les sons déjà naturellement présents dans la pièce ; écouter les sons du dehors en étant dehors puis en étant dedans ; écouter nos bruits intérieurs au corps. Attention ! Si quelqu'un rapporte qu'il n'a rien entendu, rien observé, rien remarqué, c'est ok aussi.

2. Surtout ne changez rien !

🎧 • 7

Surtout ne changez rien ni à votre position, votre posture. Arrêtez-vous simplement un instant.

Où êtes-vous ? Remarquez votre position. Comment est placé votre corps... assis, debout, en train d'écrire, en train d'examiner. Dans quel espace vous situez-vous ? Tournez simplement votre attention vers vous l'espace d'un instant. Observez simplement sans rien changer. Y a-t-il autre chose d'observable ? Un petit commentaire intérieur ? « Qu'est-ce que c'est que ce truc ? Je ne sais pas si c'est applicable à ma situation... Il faut que j'aille faire les courses pour ce midi... il faut que je pense à prendre du beurre... pour le gâteau... il faut que je pense à dire... »
STOP.

Vous y êtes. Ne changez rien. Observez simplement. Bavardage mental, commentaires spontanés de l'esprit. C'est normal. L'humain fonctionne comme ça. Vous avez des pensées. Nous en avons tous. Maintenant ramenez votre attention à votre position. Comment est votre corps ? Comment est-il placé ? Observez comment vous aviez quitté votre corps pour observer vos pensées. Y a-t-il quelque chose à observer dans le corps ? Une sensation... un confort ou un inconfort ? Rien du tout peut-être. Dans ce cas c'est ainsi. Accueillez simplement ce qui vient, ce qui est là, à cet instant, ou bien ce « rien à signaler », à cet instant.

3. L'attention au corps, je déplace mon attention

🎧 • 8

→ Cet exercice consiste à prêter attention au corps de façon focalisée et s'entraîner à observer les sensations. Laissez-vous guider. Essayer du mieux possible de suivre les consignes, et pas seulement écouter le son de la voix et se laisser « bercer ». Observez si vous avez tendance à rechercher à atteindre un état particulier, notamment le calme ou la détente, ce qui n'est pas le but de l'exercice. Vous vous apercevrez d'ailleurs parfois que ce n'est pas du tout le cas et que, en vous posant pour méditer, vous observez au contraire qu'il y a beaucoup de pensées ou d'agitation dans le corps ou encore que votre esprit vagabonde et qu'il est difficile pour vous de rester centré et attentif à l'exercice. Cela arrivera, c'est normal. C'est de cette façon que l'attention s'entraîne. Nous lâchons parfois l'attention au corps ou à la respiration, selon l'exercice, puis nous le remarquons et nous centrons de nouveau notre attention sur l'objet initial de notre attention. Lorsque je remarque que je suis partie ailleurs dans un vagabondage, je peux me féliciter de l'avoir remarqué et ramener mon attention là où j'avais décidé de la placer initialement. Gentillesse, bienveillance envers nous-même à cultiver dans la mesure du possible. Bonne écoute.

Placer une main sur une partie du corps et observer puis déplacer notre attention sur l'autre main, prendre conscience que nous avons peut-être lâché l'attention à nos perceptions à l'endroit où notre corps touche le sol.

4. L’attention au corps, le *body scan*

• 9

→ Au fil des exercices et de l’entraînement, votre capacité à être présent et attentif de cette façon au corps se développe. Vous entraînez votre capacité à déplacer votre attention dans le corps et quand vous êtes parti ailleurs, happé par des pensées, vous savez revenir avec gentillesse envers vous, à l’objet de votre attention. Progressivement, en fonction de ce que nous ressentons, de l’âge de l’enfant et de ce que nous remarquons de son attention lors des méditations, nous pouvons lui proposer de pratiquer seul ou ensemble un *body scan* ou balayage corporel. C’est un exercice très précieux pour apprécier le corps dans son ensemble. Pratiquer et se lancer dans l’expérience est plus précieux que de se lancer dans des explications. L’enregistrement audio proposé dure une vingtaine de minutes. Il peut bien correspondre à des adultes ou des grands enfants ou adolescents qui connaissent déjà les grandes lignes de la méditation de pleine conscience. En développant votre propre expérience vous pourrez pratiquer sans l’enregistrement et pour une durée que vous aurez vous-même choisie. Bonne pratique !

5. Pleine attention intégrée au quotidien, méditation dite « informelle »

Chose extra-ordinaire, vous pouvez **décider** de faire de chaque instant un moment de présence. Geste si simple et si compliqué à la fois.

Vous pouvez par exemple, décider **d'être** dans chacun de vos gestes. Totalement investi et immergé dans l'attention à vos gestes… leur enchaînement, les sensations. À cet instant, vous décidez de **quitter votre pilote automatique**.

C'est d'abord un geste mental conscient « je décide de… ».

1. Lavage des mains en pleine conscience · 10

Pour les adultes avant tout, puis à expérimenter avec l'enfant.

→ **Consigne pour la pratique :** lorsque vous pratiquez ensuite avec l'enfant, chacun pratique l'exercice pour lui-même et nous pratiquons en même temps. Autant que possible, restez attentif à vos ressentis et centrés sur votre expérience qui se déroule d'instant en instant. Les plus jeunes enfants auront tendance à vouloir attirer votre attention en parlant ou autrement. Il est donc très important de répéter la consigne et de s'assurer qu'elle a bien été comprise. Vous pouvez dire par exemple : « On va faire une expérience. On va se laver les mains en étant très attentif à nos sensations. Moi je vais le faire pour moi, et toi pour toi. On essaie de ne pas se déranger pendant l'exercice, et on en parle après si tu veux. Moi je te raconterai ce que j'ai senti et toi tu me raconteras ce que tu as senti si tu veux. Est-ce que tu as compris ? C'est ok pour toi ? Tu es prêt ? Alors c'est parti ! »

Vous verrez qu'il n'est parfois pas si simple de rester concentré, nous adulte accompagnant, sur nos propres sensations, sans nous laisser distraire par le comportement de l'enfant. Pourtant, en évitant de réagir nous-même (sauf s'il y a urgence ou danger, mais cela est rarement le cas) nous apprenons à l'enfant à lui aussi, à rester concentré sur ses propres sensations, à ne pas réagir avec impulsivité (verbale ou non) et à respecter un temps d'intériorité pour chacun. Il apprendra aussi ainsi à décomposer son expérience en plusieurs phases.

1. **Vivre l'expérience pleinement** avec attention, ressentir, rester centré sur ce qui se déroule d'instant en instant.

2. **Décrire pour lui-même** et progressivement identifier les pensées, mettre en mots et en images, situer si ces pensées parlent du passé (souvenirs) ou du futur (anticipation) ou si elles décrivent l'expérience qui se déroule à cet instant.

3. **Décrire pour l'autre**, communiquer sur son ressenti, ses besoins, ses envies. Lors du partage d'expérience, il s'entraîne à écouter le récit de l'expérience de quelqu'un d'autre et à l'accueillir sans nier, critiquer, ou juger. Il développe le respect de votre expérience telle que vous la lui racontez, comme vous respectez son expérience telle qu'il vous la raconte. Ne soyez pas surpris, parfois les enfants parlent de tout autre chose que l'expérience. Plus ils sont jeunes, plus c'est habituel. Pour ma part, je fais le choix d'accueillir leur parole sans insister sur le récit de l'expérience du

jour. Ils racontent parfois en différé ou pas du tout, ou trois mois après, à une autre occasion. Tout peut se voir. Le fait de s'entraîner à différer ce qu'il veut vous raconter, entraîne aussi sa mémoire, sa patience, diminue son impulsivité. Bien sûr, tout ceci se mettant en place très progressivement, vous cultiverez certainement, votre concentration, votre patience, votre persévérance, et votre confiance.

- **Matériel :** ceci nécessite donc une petite anticipation pour préparer, savon, eau tiède ou chaude, chacun sa serviette. Soit vous utilisez le même lavabo soit vous trouvez un bac ou une cuvette pour chacun des participants.
- **Variantes :** utiliser du liquide vaisselle et tenter de faire des bulles de savon. Laver un objet ou un jouet qui supporte d'eau en étant très attentif. Autorisez-vous à être créatif.

Allez ! Entraînement pour vous adulte d'abord !

> Je peux par exemple décider de me laver les mains en pleine attention.
>
> Pour m'aider je peux noter mentalement : « Je me lave les mains en pleine attention ».
>
> Je remarque les sensations de l'eau, du savon sur mes mains, je ne cherche rien d'autre, je suis dans l'expérience même du moment avec toutes les sensations. Sans chercher à atteindre un état particulier, j'observe aussi tout ce qui m'entoure dans cet instant, les sons, la température de la pièce peut-être…

J'observe aussi comment mon esprit part dans des pensées et m'emmène loin de mon objet d'attention initial, mes mains… tous les petits commentaires, ce bavardage intérieur… Ai-je quitté mes mains ? Oui, non, l'espace d'un instant peut-être…

Peut-être pas… avec l'entraînement tout ceci m'habite, et sans m'y accrocher je laisse circuler ces pensées, j'observe simplement que je suis partie ailleurs l'espace d'un instant et je reviens à mes gestes de lavage, mes sensations. En habitant pleinement mes mains, je m'ouvre également à l'expérience de ma posture, mon ancrage dans le sol, la position de ma tête, mes épaules… comment est-ce que je me sens ? La suite de ma journée est teintée de cet exercice d'attention, à la fois si simple et si complexe à la fois. Un mystère pour celui qui reste au bord de l'expérience en observateur penseur et sceptique, une évidence pour celui qui plonge à l'intérieur avec confiance et ouverture à son ressenti, sa présence.

Progressivement j'ouvre cet espace de pleine attention possible, convocable à la demande, car il suffit que je le décide et que je m'y entraîne.

Là encore, **l'entraînement** est fondamental. C'est en entrant dans la pratique que je développe mes **capacités d'attention**. Capacité d'attention à l'autre mais aussi à moi-même et à la relation.

Le lavage des mains fait partie de ces pratiques dites « **informelles** » précieuses car elles peuvent intervenir fréquemment dans notre quotidien. Cela peut permettre, pratiqué avec **pleine présence** et **attention**, un retour à soi, une « prise de température » de soi-même dans l'instant, un ressourcement aussi.

Dans la pratique formelle, nous expérimentons souvent le ralentissement des gestes pour les besoins de l'apprentissage et de l'entraînement. Pensez à des exemples comme l'apprentissage de l'écriture ou du dessin. Avec l'entraînement et la persévérance, il est tout à fait possible de pratiquer avec pleine attention des gestes rapides. Pensez à la multitude de gestes que vous accomplissez au quotidien, comme lacer vos chaussures ou enfiler un vêtement, et que vous avez appris au départ, dans la lenteur, enfant.

Ici j'aimerais attirer votre attention sur les **automatismes** que chacun de nous a développés. Nous réalisons, chaque jour, une multitude de gestes automatiquement sans avoir à y penser. Cela libère une partie de notre disponibilité attentionnelle pour réaliser des tâches plus complexes, dans nos actions comme dans notre mental, et ceci est un mécanisme de fonctionnement très utile. La proposition de l'entraînement à la pleine présence est tout autre. Elle est à l'opposé des actions ou réactions automatiques. Il s'agit ici de ralentir et de donner de la continuité à la tâche réalisée pour que celle-ci puisse être réalisée en pleine conscience, en pleine attention. Nous pouvons alors nous placer en **observateur de l'expérience** qui se déroule **d'instant en instant**, telle qu'elle est maintenant, avec son cortège de sensations, de pensées, d'émotions et de la tendance à vouloir agir ou réagir. C'est alors tout un processus qui s'enclenche avec cette nouvelle grille de lecture de l'expérience. Nous pouvons alors parfois être surpris de l'ensemble des informations que notre corps et notre mental nous envoient. C'est souvent une vraie revisite qui s'enclenche et avec elle apparaissent les nuances, l'observation de **l'impermanence**, des **sensations-pensées-émotions-envies d'agir**. Parfois, lorsque nous débutons cet entraînement ou que nos ressources attentionnelles ne sont pas facilement mobilisables à cet instant, nous n'observons rien ou pas grand-chose, et c'est habituel. Notre

bienveillance envers nous-même est alors primordiale. C'est ainsi, à cet instant. Demain, ce sera peut-être différent. Il est impossible de « rater » un exercice d'attention et il n'y a pas de « bonne » ni de « mauvaise » réponse. Une absence de signal perçu ou observé (corporel ou mental) est une information tout aussi intéressante qu'un signal perçu. Tout est OK pour cette personne et à cet instant. L'essentiel est de nous entraîner à nous mettre en « intention d'attention » le plus souvent possible, avec **confiance**, **patience**, bienveillance envers nous-même.

2. Idées de pratique informelle intégrée au quotidien

- Me coiffer.
- Me laver les cheveux en pleine attention.
- Ouvrir une porte (maison, voiture) ou une fenêtre.
- Manger en pleine attention quelque chose que j'apprécie (ce qui revient à une dégustation).
- Boire un jus de fruit, un chocolat, un thé, un café.
- Me masser les mains ou les pieds avec de l'huile ou une autre crème de mon choix…
- Marcher en pleine conscience (lentement, vite, à l'allure habituelle).
- Autorisez-vous à être créatif.

On pourrait résumer cette pratique de cette façon : **faire en sachant que vous le faites**, observer les nuances, ralentir si besoin ou s'arrêter. **Accomplir une seule chose à la fois**. Vous en trouverez un mémo dans la boîte à outils un peu plus loin.

6. Méditation à guider soi-même : l'attention au corps et à la respiration

• 11

→ Je vous propose un petit texte qui vous permettra de guider vous-même une pratique d'attention au corps et à la respiration. Vous pouvez l'enregistrer sur votre téléphone mobile en le lisant à voix haute. Il constituera une ressource d'entraînement précieuse pour l'enfant que vous accompagnez. Rien ne remplace votre voix. Vous remarquerez sans doute en l'enregistrant que cela nécessite parfois un entraînement de notre part. C'est habituel.

NB : les plus grands enfants qui sont déjà lecteurs, auront peut-être plaisir à s'enregistrer aussi pour vous guider vous. Proposez et suivez leurs envies ou respectez leurs besoins. Certains auront envie et d'autres pas, du moins pas aujourd'hui à cet instant.

Pour parvenir à vous enregistrer je vous propose les étapes suivantes :

- Vous entraîner vous-même à ressentir et observer (Sensations-Pensées-Émotions-Tendances à l'Action) en écoutant l'enregistrement de ce texte avec ma propre voix
- Lire le texte en lecture silencieuse seul en étant attentif à chaque mot et à vos S-P-E-TA*.
- Lire le texte à voix haute seul en étant attentif à chaque mot et à vos S-P-E-TA.
- Lire le texte à voix haute à votre enfant en étant attentif à votre propos, à votre enfant (comportement verbal et non verbal) et à vos S-P-E-TA en même temps.
- Vous pourrez ensuite enregistrer soit :
  → Un « live », en direct quand vous contez le texte à votre enfant. Cela est possible lorsque l'enfant a déjà acquis une certaine capacité d'écoute. En même temps, si votre enfant intervient ponctuellement et vous laisse reprendre, cela peut être très intéressant et agréable à réécouter avec lui.
  → Un « studio », vous vous mettez alors seul dans des conditions de calme et de continuité possible de votre action (ce qui sera propice à votre attention).

Les étapes décrites le sont à titre indicatif. Expérimenter par vous-même est le plus important. Le risque généré par le fait de « brûler » les étapes est de dire le texte de façon « automatique » et « non sentie », dans une intention que « ça marche »

* **Abréviations**

S : sensation (ressenti dans le corps).

P : pensée (image, son ou discours intérieur, souvenir, image. ou discours sur l'avenir).

E : émotion (joie, peur, colère, tristesse, dégoût, surprise).

TA : tendance à l'action.

et pour « obtenir quelque chose » de l'enfant. Ce quelque chose est le plus souvent, le calme, la réussite, qu'il s'endorme, qu'il soit moins agité… il y a alors fort à parier que l'entraînement à l'observation des S-P-E-TA ne s'étant pas opéré, ces objectifs ne soient pas atteints. Certaines personnes penseront peut-être alors (sans identifier que ce sont des pensées) que « c'est nul », « ça ne sert à rien », « ça ne marche pas », « ce n'est pas pour moi », « c'est pour les gens qui stressent, mais pas pour moi ». Lorsque nous remarquons que survient une ces petites phrases, car cela arrive, alors nous pouvons saisir l'opportunité de l'observer, et de lui faire une place « pour qu'elle ne prenne pas toute la place ». Ce positionnement en observateur de la pensée va nous permettre de ré-orienter notre attention délibérément. De notre mieux et si cela est possible pour nous, nous pouvons ramener notre attention à la respiration dans le corps. Lorsque nous faisons cela nous privilégions l'entraînement et nous nous orientons vers le mode « être ».

Rien n'est jamais totalement figé, ou plutôt tout est amené à changer, et nous pouvons tous avoir des moments où nous privilégions le « faire » ou bien nous ne sommes plus en capacité d'« être ». C'est comme c'est. Ceci survient notamment dans les moments où notre survie est en jeu, et au plan évolutif, cette compétence est précieuse. Concrètement, lorsque nous sommes fatigués par exemple, il vaut mieux parfois faire une pause et attendre un moment plus propice pour enregistrer votre méditation ou pour guider votre enfant dans une méditation. Le risque est d'avoir une lecture en mode automatique, de conclure que « ça ne marche pas » et que cela entrave votre intention et motivation initiale de curiosité vis-à-vis de ce **processus** d'attention auquel nous entraîne la pratique de la pleine présence.

De plus, il est décrit que certaines des personnes ont une propension naturelle à la pleine présence souvent décelée depuis l'enfance et pour d'autres cela paraîtra moins évident ou naturel.

En revanche, nous savons que **nous avons tous la possibilité de nous entraîner et de développer nos capacités d'attention. La première étape est d'en avoir l'intention**.

- **Texte de l'exercice d'attention à la respiration que vous pouvez vous entraîner à guider** :

> Prends le temps de t'installer confortablement, assis ou allongé, comme tu veux. Tu prends le temps d'observer ton corps se poser. Tes pieds °° tes jambes °° tes fesses °° tes mains °°° et si quelque chose bouge dans ton corps, tu observes juste ce qui bouge °° avec toute ton attention, sans chercher à modifier quoi que ce soit. Et puis, tu tournes ton attention vers ta respiration, là où tu la sens le mieux. Au bout du nez, l'air qui entre °° et puis ressort °° entre °°° et ressort °°° à chaque respiration. Tu peux aussi observer les mouvements de ton ventre °° qui monte °°° et qui descend °°° qui monte °°°° et qui descend °°°°°° et puis °° quand tu le souhaites °° tu peux quitter l'exercice °°°°°°.

→ Chaque ° indique un temps de silence d'une seconde. Par exemple pour °°° comptez trois secondes de silence environ.

Ces temps sont donnés à titre indicatif, pour vous guider. S'ils ne vous conviennent pas, ou si vous êtes accaparé par le fait de compter et ne vous sentez plus pleinement présents, n'en tenez pas compte, et faites confiance à votre propre rythme.

7. S'étirer

12

→ Cet exercice permet de sentir ce qui se passe dans notre corps lorsque nous l'étirons. Observer les ressources de notre corps, ses limites, la relation à l'espace autour de nous. Autant que possible, chacun est invité à rester centré sur ses propres sensations. Bonne écoute.

- **Matériel :** tenue confortable.
- **Variantes :** pratiquer des étirements des mains, doigts, poignets. Autorisez-vous à être créatif.

8. Bouger, se secouer

🎧 • 13

→ Là encore, il s'agit d'un exercice d'attention au corps. Nous abordons là la pratique par des mouvements rapides. Nous observons ce qui se passe dans le corps instant après instant. Exercice précieux lorsque nous sentons le besoin de bouger. C'est un exercice qui peut être intéressant avant de nous poser sur un coussin ou au sol dans une intention de pratique plus statique. Chaque participant est bien sûr sensibilisé au fait de respecter ses limites et ses possibles. L'adaptation des mouvements à ce qui est possible (en cas de blessure ou de handicap par ex) peut être nécessaire. Dans ce cas, l'accompagnement par un professionnel de santé prend tout son sens.

- **Matériel :** tenue confortable, retirer si possible les chaussures.
- **Variantes :** pratiquer pieds nus, sautiller, tourner sur soi-même, plier les genoux et se relever plusieurs fois. Autorisez-vous à être créatif.

9. Marcher en pleine attention et s'arrêter · 14

→ La marche en pleine conscience ou en pleine attention peut se pratiquer à toutes les allures. La première fois, je vous propose de ralentir et de décomposer la marche en notant les étapes en même temps que vous faites le geste avec les pieds : lever le pied droit, poser le pied droit, lever le pied gauche, poser le pied gauche. Vous pouvez observer votre corps, son positionnement, l'équilibre que vous avez à cet instant, comment est votre respiration, est-ce que cette marche est agréable pour vous, neutre ou désagréable. Puis quand vous le souhaitez, décidez de faire un arrêt puis vous vous arrêtez. Autant que possible essayez de distinguer légèrement la décision préalable à l'arrêt du geste d'arrêt lui-même. Vous pouvez ensuite expérimenter d'autres allures de marche toujours en étant attentif aux sensations dans le corps et à la notion de confort ou d'inconfort pour vous dans cet exercice à cet instant, et d'instant en instant.

- **Matériel :** tenue confortable, retirer les chaussures, disposer d'un peu d'espace en intérieur comme en extérieur
- **Variantes :** pratiquer pieds nus, disposer les coussins au sol ou expérimenter sur différents types de revêtements (sable, cailloux, sous-bois, etc.). Autorisez-vous à être créatif.

10. Geste de réconfort

• 15

→ Expérimenter la pratique de gestes de réconfort en pleine attention, sur soi-même est très important. Avant d'aborder dans l'exercice suivant l'inconfort, il me semble important d'avoir l'expérience de gestes de bienveillance et d'auto-compassion. Une des difficultés du soin est d'aborder en premier lieu l'inconfort avant même le confort. Fort heureusement les choses évoluent, et les connaissances sur la douleur de l'enfant aussi. Il est maintenant établi que donner de l'affection et de la considération inconditionnelle avant un soin, à travers le don d'une gommette par exemple, bien sûr accompagné d'une attitude bienveillante envers l'enfant adoucit l'inconfort inhérent au soin lui-même. Je vous invite donc à pratiquer cette méditation d'auto-compassion.

Si nous savons tous que la douleur et l'inconfort font partie de la vie, sommes-nous aussi familiers avec l'auto-compassion ?

- **La compassion :** c'est être présent à la souffrance d'autrui, petite ou grande, avec attention, bienveillance, sentiment d'humanité partagée et désir de venir en aide ; l'auto-compassion a ces mêmes composantes mais dirigées vers l'intérieur. C'est avoir la même attention aimante envers soi. Comme tous les exercices d'attention, entrer dans l'exercice et en faire l'expérience par nous-même à travers notre ressenti est le plus important. Bonne pratique !

- **Matériel :** aucun.
- **Variantes :** tout geste d'affection envers vous-même qui fera sens pour vous.

11. Serrer fort les poings et relâcher

🎧 • 16

L'idée est de travailler avec l'inconfort, l'identification de nos propres ressources, de nos limites aussi. Également de décider, faire un choix. Pratiquer ou non, décider du moment de l'arrêt.

→ **Consigne :** je vais vous proposer de serrer très fort les poings, jusqu'à ce que vous ne puissiez plus et que vous décidiez d'arrêter. Vous maintenez de toutes vos forces... en même temps vous pouvez observer comment est votre respiration, d'instant en instant, sans chercher à la modifier. Avant de desserrer les poings, je vous invite à essayer de marquer une petite pause intérieure et décider, vous mettre en intention de desserrer les poings. Puis vous observez ce qui se passe dans le corps. Dans les mains, dans la respiration, ailleurs dans le corps.

- **Matériel :** aucun ou petit objet.
- **Variantes :** serrer fort le poing sur un petit objet, serrer le poing le bras en l'air ou ballant le long du corps, serrer fort les genoux l'un contre l'autre. Autorisez-vous à être créatif.

12. Écoute et communication

L'écoute est un art qui se cultive et s'entraîne. Elle est aussi à la base de la communication.

Vous trouverez beaucoup de ressources dans la qualité de l'écoute que vous pourrez offrir. Pour ceux et celles qui souhaiteraient aller plus loin dans la connaissance de l'art de communiquer, vous trouverez une mine d'information dans les ouvrages qui abordent la communication non violente. Ce n'est pas notre sujet dans ce livre mais sachez que la communication non violente est un des prolongements directs de la pratique de la pleine présence (ou *mindfulness*).

→ **Consigne :** je vous invite à expérimenter l'écoute sans interrompre l'autre, cultiver le respect des silences, l'alternance, « tu parles… je t'écoute seulement, je parle… tu m'écoutes seulement ». Pour cela, vous pouvez vous aider d'un petit objet ou d'un doudou, ou d'un caillou, ou encore d'une brindille ramassée en promenade. « Celui qui a l'objet parle, les autres l'écoutent. » Celui qui a l'objet a aussi la responsabilité de son temps de parole et doit rester attentif à ceux qui l'écoutent, et à ne pas « monopoliser la parole ».

- **Matériel :** de quoi s'asseoir (chaise ou coussin de sol) ; éventuellement un triangle, bol chantant ou carillon, *timer* ou compte à rebours.

- **Variantes :** l'écoute peut se pratiquer en étant dos à dos, côte à côte, et face-à-face. Choisissez, variez, faites votre expérience. Vous pouvez faire l'expérience définir un temps de parole et, au milieu de ce temps de parole, de marquer une petite pause le temps de l'écoute d'un son, et observer ce que vous remarquez chacun. L'utilisation d'un *timer* (minuteur) ou compte à rebours peut être intéressante.

Vous pouvez aussi expérimenter en marchant lors d'une promenade, chacun pourra alors s'entraîner à être présent à son pas (marche en pleine attention) et à l'échange chacun son tour.

1. Raconter un souvenir agréable

Il est préférable de commencer en abordant des souvenirs agréables ou joyeux. Vous pouvez aussi vous donner un temps de parole précis, par exemple 2 minutes chacun. C'est un exercice en soi de tenter de parler 2 minutes de quelque chose qui est agréable pour nous, pas plus et pas moins. Chacun son tour. Faites l'expérience car rien ne remplace votre propre expérience.

Vous pouvez faire l'expérience de raconter des souvenirs d'intensité modérée ou encore d'une grande joie exceptionnelle ou d'un fou rire. Observez, tout ce qui est observable des sensations alors dans le corps.

2. Raconter une petite chose neutre du quotidien

Une petite chose neutre du quotidien, c'est par exemple quelque chose qu'habituellement nous ne prendrions pas le temps de remarquer, comme la couleur du vêtement du jour mis par le collègue ou du camarade de classe, ou la couleur du ciel, ou encore ce que j'ai mangé ce midi.

L'intérêt est de s'entraîner à mettre en relief des choses qui passent facilement inaperçues alors qu'elles peuvent être source de petits bonheurs si, simplement, nous les remarquons.

3. Raconter une petite chose désagréable

Raconter quelque chose de désagréable est un peu plus délicat. Je vous propose d'évoquer le désagréable lorsque vous vous sentez déjà à l'aise dans l'écoute des choses agréables et neutres. Pour débuter l'entraînement, choisissez de raconter quelque chose du quotidien d'intensité désagréable très modérée. Par exemple, une petite contrariété, le fait d'avoir goûté un aliment qui nous a été désagréable, le contact d'un textile, etc.

Ce volet du désagréable est néanmoins important à aborder car il fait partie des expériences inévitables qui surviennent au cours d'une vie. Nous entraîner à en parler et à les écouter, les accueillir, dans un espace protégé, balisé, dédié à cela, est très utile et enrichissant, à la fois pour celui qui parle et celui qui écoute. En groupe comme en binôme, la relation de confiance et la confidentialité de l'échange sont importantes, pour l'échange dans l'instant comme pour la suite de la relation. Une occasion aussi de nous entraîner chacun, à ne pas juger, ni réagir de façon automatique ou impulsive.

IV • UN PANEL D'OUTILS… ET UN CRAYON POUR RACONTER ET NOUS RACONTER, CHACUN !

Ma boîte à outils

Dans ma boîte à outils, j'ai placé :

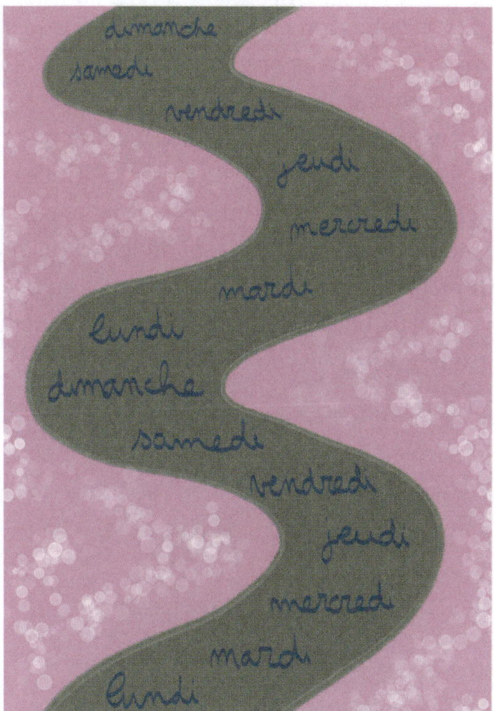

- **Un agenda** (image 1) et un **visuel de la journée** (image 2) pour m'aider à expliquer ou me représenter le « temps horloge », celui qui nous permet de planifier et de me préparer à un évènement inhabituel, un soin ponctuel, ou bien un soin qui revient régulièrement avec une rythmicité. Les soins s'intègrent ainsi dans un tout, nourri d'autres moments de vie, comme la visite de grands-parents ou une invitation d'un copain (vous pouvez les noter avec lui sur l'agenda au même titre que les jours de soins). La prise de repère de temps est très importante en gestion du stress, elle diminue l'anxiété. Cela permet à l'enfant d'avoir une sensation de maîtrise rassurante. Chacun des accompagnants adultes aura son savoir-faire et sa technique pour quantifier le temps qui nous sépare de l'évènement auquel nous cherchons à nous préparer : l'agenda, le nombre de dodos, compter sur les doigts de la main ou des pieds ou les deux... si vous optez pour l'agenda, sachez que plus l'enfant est jeune plus une ligne de temps continue sera aisée à manier pour lui. Certains enfants seront plus à l'aise avec une ligne de temps placée au sol où le devant représente l'avenir et le derrière est déjà passé, plutôt qu'une ligne de temps type frise où le passé est représenté à gauche et l'avenir à droite. Autorisez-vous à être créatif.

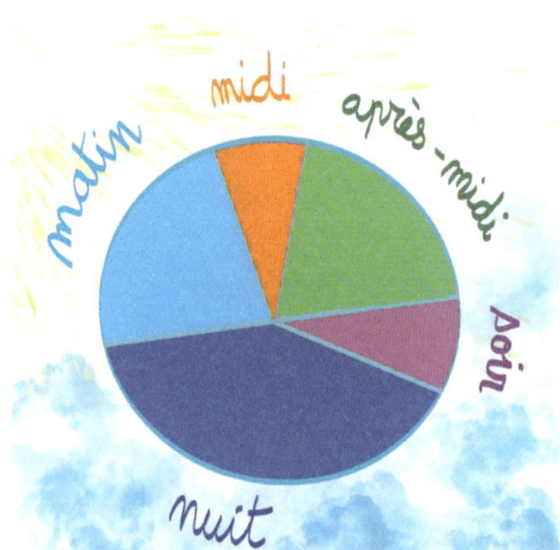

Le « temps horloge » est à distinguer du « temps psychique » ; le temps « horloge » permet de planifier, le temps « psychique », lui, c'est celui dont on dispose pour penser, s'inquiéter à propos de l'avenir, ou se remémorer des souvenirs. L'entraînement à l'observation des pensées et des émotions nous aide à distinguer dans quel registre temporel nous évoluons. Nous pouvons avoir réussi à planifier quelque chose et finalement être tout à fait ailleurs dans l'avenir ou dans le souvenir, sans profiter d'être pleinement là, présent à ce quelque chose. Apprendre à nous ramener inlassablement avec bienveillance à l'objet de notre attention dans l'instant, lorsque nous remarquons que nous sommes partis ailleurs, est un des précieux « outils » de la *mindfulness*. En somme, une tâche à la fois, et en pleine attention : quand je mange, je sais que je mange ; quand je marche, je sais que je marche...

- **La prise de repères spatiaux** est tout aussi importante. Connaître les lieux dans lesquels nous sommes accueillis pour nos soins diminue également l'anxiété. À chaque fois que possible, je vous invite à montrer à l'enfant un maximum de choses avant de vous rendre sur le lieu de soin. Il est parfois possible de faire une visite virtuelle des locaux ou au moins de montrer une photo de façade de l'établissement de soin. Lorsque l'enfant se rendra ensuite sur le lieu de soin, celui-ci lui semblera familier ou du moins, il aura pu se construire des repères. D'une façon générale, quels que soient les sujets abordés avec l'enfant, et ceci est bien documenté dans les publications scientifiques, il est important de trouver un certain équilibre dans les explications et les visuels qu'on lui propose. Proposer mais pas imposer, mettre simplement à disposition, répondre à ses questions, créer un environnement propice au questionnement et aux échanges. L'idéal est que l'enfant puisse aller lui-même vers les visuels qui auront été placés à sa portée sur une table ou un frigo. Il pourra faire ainsi les « vérifications » parfois furtives dont il a besoin et avoir une autonomie là-dessus, ou bien choisir de les délaisser. C'est comme il le souhaite. Il est alors pleinement acteur et satisfait le besoin de contrôle présent dans les situations inhabituelles. Présence, écoute, patience, propositions ouvertes, simplement.

- **Des gommettes coccinelles**

Elles sont très utiles pour servir d'ancrage à la mémoire, marquer un repère d'événement sur l'agenda, ou bien simplement sur un carnet de santé ou le frigo pour nous rappeler en la voyant, de penser à nous offrir à nous-même régulièrement, une ou deux respirations conscientes. Pour les accompagnants soignants, les gommettes constituent un cadeau inconditionnel qui témoigne à l'enfant un respect et une affection inconditionnelle : un don que nous pouvons décider de faire avant tout soin. J'évoque ici la « tendresse » adressée à l'enfant ou au jeune patient, dont parle si justement Antoine Bourrillon, pédiatre à l'hôpital Robert Debré (cf. Bibliographie).

- **Des visuels pour nous aider à nommer ou pointer du doigt** : notre météo et paysage intérieur (image 3), notre émotion (images 4, 5, 6 et 7), l'endroit du corps qui est confortable et celui qui peut-être ne l'est pas à cet instant (images 8 et 9).

Image 3

Image 4
Colère

Image 5
Joie

Image 6
Peur

Image 7
Tristesse

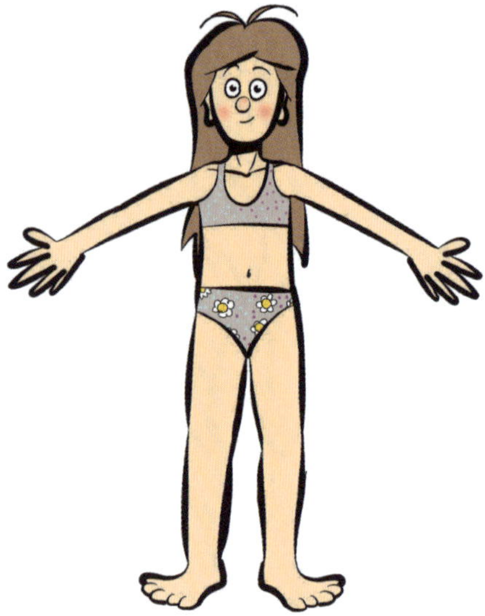

Image 8

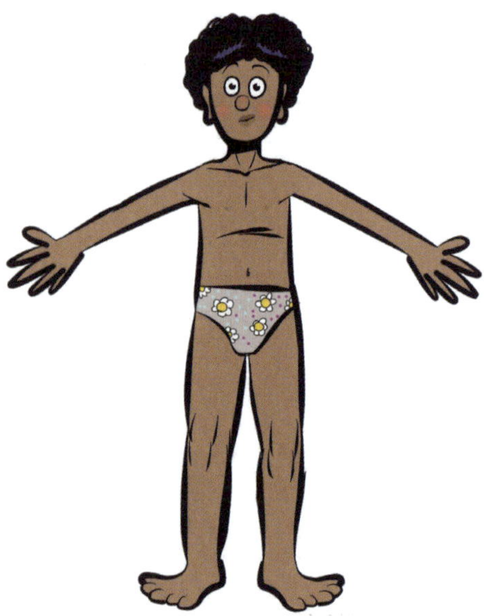

Image 9

- **Des visuels pour nous aider à quantifier** par une échelle simple l'intensité du confort (image 10) ou d'inconfort (image 11) ressenti à cet instant.

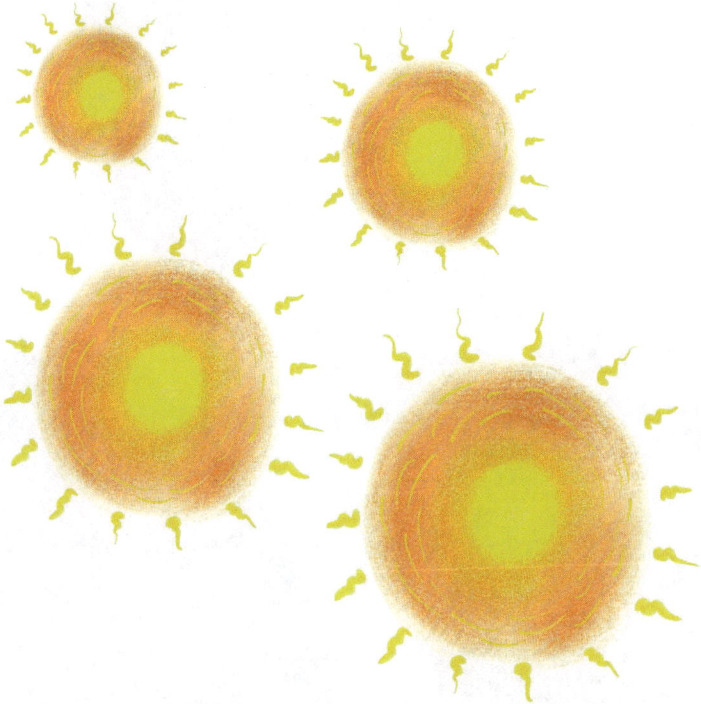

Image 10

Tu médites avec moi ?

- **Une image de Shiny qui respire :** un rappel à notre propre possibilité de respirer de façon consciente et solide comme dans notre première histoire, « comme une montagne ».

- **Un visuel résumé de la méditation qui peut être appelée « informelle »**

- **Un visuel résumé de ce que l'on peut observer dans un moment de PAUSE choisie**

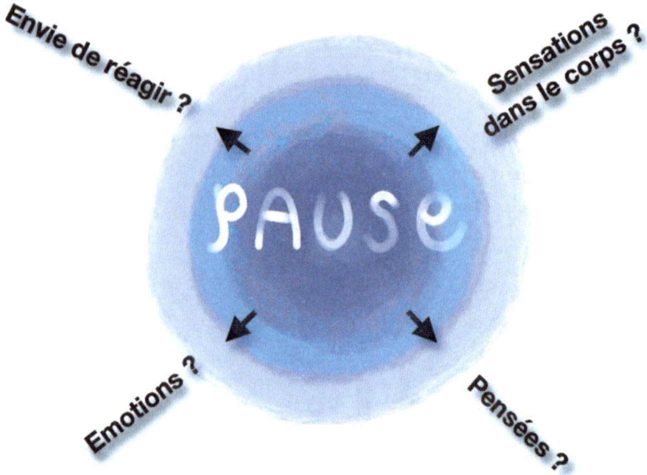

- **Un visuel similaire « je ralentis et j'observe », où l'on retrouve Shiny** qui observe ses sensations, pensées, émotions, et envies de réagir.

Les sensations, pensées, émotions et tendances à l'action y sont schématisées au-dessus de la tête de Shiny ; c'est peut-être l'occasion de demander à l'enfant « Où elles sont pour toi tes sensations ? Et tes pensées ? »

En explorateur curieux et ouvert à ses côtés, vous serez peut-être parfois surpris de ces réponses. Tout est possible et je vous invite à vous entraîner à simplement accueillir, et observer ce qui survient en vous. Une envie de corriger ou de « ré-axer », ou d'acquiescer car cela est pareil pour vous, etc. « tout est ok », simplement observer.

- S : sensation.
- P : pensée.
- E : émotion.
- TA : tendance à l'action.

Vous pouvez aussi vous poser la même question, « Où se situe et comment est mon ressenti ? Et mes pensées ? », et lui partager ensuite votre expérience : « Est-ce que tu veux que je te raconte comment c'est pour moi là ? Pour moi... » Il y a de nombreux parallèles à faire sur la façon dont nous pouvons accueillir un symptôme lorsqu'il se présente. Sans jugement, simplement être avec, et si cela est possible à cet instant, respirer avec... Soi-même et parfois ensemble, enfant et accompagnant si cela s'y prête. Je vous renvoie pour cela vers l'exercice de respiration consciente, qui est à entraîner hors épisode douloureux intense, physique ou psychique.

Je constate souvent combien certains patients adultes s'excusent de raconter les particularités de leurs symptômes, tant sur leur localisation que le reste, tout en s'excusant également de ne pas être « classique » ou craignant de mettre en difficulté la personne qui écoute, jusqu'à douter même de la réalité de leur ressenti. Dans notre position de soignant ou d'aidant, l'accueil de ce ressenti a tout son sens ; il existe pour lui-même, et cela suffit pour être source d'intérêt. Nous pouvons le prendre en considération tel qu'il est, sans le nier ou chercher à l'éviter ou encore immédiatement le rattacher à ce que nous connaissons (par l'expérience personnelle ou livresque). Nous pouvons conserver également notre dynamique habituelle de recherche des causes et des solutions, et observer nos besoins de classification, mais il est parfois plus aisé de réserver un temps spécifique, une place à l'accueil du ressenti. Encore une fois il est possible de tout accueillir tel que c'est là, maintenant. L'exercice peut demander des efforts et de l'entraînement. Patience, confiance et gentillesse envers vous-même donc.

■ Une image métaphore de la méditation formelle et informelle au quotidien et au fil du temps

Les moments d'attention sont pareils à ces bulles colorées d'une certaine façon. Certains seront organisés de façon formelle, d'autres se glisseront dans notre journée de façon informelle. Certains seront longs, d'autres courts. Certains nous donneront la sensation de nous avoir apporté un éclairage différent sur nous-même ou une situation, et d'autres seront plus pâles et discrets, ou même houleux. Puis, avec l'entraînement, il est bien possible que, à certains moments, nous soyons un jour surpris, que la distinction d'entre ces moments formels et informels ne soit plus si nette qu'au début. Lorsque nous le remarquons, c'est sans doute un des stigmates que l'attention se mêle maintenant intimement à notre quotidien. Je vous propose avec ce « dessin-métaphore » d'accueillir tous les moments, formels, informels ou les deux, petits et grands, nets et colorés ou plus transparents, ternes ou éclairants, peu importe.

Les vertus de l'écriture et du dessin

Narration écrite puis énoncée oralement nous révèle ce que nous savions déjà. C'est ce que nous enseigne la médecine narrative : lire à haute voix ce que nous venons d'écrire met en lumière ce que nous savions déjà puisque nous l'avons écrit. Vous pouvez faire cette expérience : écrire le récit de vos sensations, pensées, émotions observées après avoir pratiqué un exercice d'attention. Vous donnez à chacun un petit temps dédié à l'écriture. Puis vous lisez ensuite votre texte à la personne avec qui vous avez pratiqué. Là aussi, il est préférable d'en faire l'expérience par soi-même. L'écriture permet de vivre l'expérience dans sa complétude. Elle permet de mettre en perspective l'expérience, clarifier notre intention parfois. Lorsque le temps a passé, elle nous permet aussi de revenir sur un écrit précédent, nous permettant de rendre plus visible, lisible, les changements, les nuances d'expérience en expérience.

La tenue d'un journal peut être très enrichissante, c'est un entraînement à « décrire de nous à nous », mettre en mots notre expérience. Les enfants déjà en âge de le faire auront même peut-être envie d'écrire une histoire à base de leur propre expérience. Les plus jeunes eux, préféreront peut-être dessiner, mettre en images. Vous pourrez ensuite s'ils le souhaitent leur demander de raconter leur dessin. Un mélange mots et images conviendra mieux à certains. Autorisez-vous à être créatifs.

Les histoires de Colline

Voici ce qu'a entrepris d'écrire Colline suite à la lecture des histoires de ce livre. Elle est âgée de dix ans et a l'expérience de la pratique de la pleine présence depuis quatre ans. Chaque enfant a ses aptitudes naturelles et ses centres d'intérêt, et les unes comme les autres peuvent être très variés. Je pense que nous pouvons avoir confiance en chaque enfant, rêver avec lui et viser la Lune tout en cultivant notre présence à ce qui se déroule maintenant, ancrés dans nos sensations. Chaque enfant évolue à son rythme et avec des tracés et styles différents selon le moment : zigzag, bond en avant, ralentissement, accélération, cascade, tortue, lapin, guépard, retour en arrière, spirale, fusée, cloche pied, salto, pieds en l'air, roulade, ziguouiguoui ou autres modalités bien à lui et parfois jamais vues auparavant, ni dans les livres, ni dans la vie par son entourage !

Colline, elle, aime lire, et beaucoup écrire des histoires depuis longtemps. Lorsqu'elle ne savait pas encore écrire elle aimait qu'on lui raconte des histoires inventées et participer à construire l'histoire en disant une phrase chacun son tour. Quand le « jogging d'écriture* » du matin lui a été proposé par son maître en milieu d'école primaire, elle a eu plaisir à l'exercice. Quelque temps après, pour l'écriture de ses premières grandes histoires, elle a été aidée par sa grande sœur. L'intention ici en vous livrant ces histoires, est de donner une place concrète à l'enfant et aux sujets qu'elle a souhaité aborder. Elle représente dans ce livre la voix de l'Enfant au sens large, et cela me semble important de lui donner une place au même titre qu'aux témoignages de parents. Ce sera aussi pour vous l'occasion d'une rencontre avec l'expérience d'une enfant et de son parcours traduits dans ses histoires.

---

* Quelques lignes à écrire sur un sujet nouveau chaque matin.

Colline a voulu partager avec vous cette mise en mots tirée de son imagination. Elle met en scène des personnages, un paysage, une situation de soin, et aussi… une façon d'observer, de ressentir et d'interagir. Il n'y a pour moi pas meilleur sujet, que celui dont veut parler l'enfant, à cet instant. Alors, je vous propose de saisir son invitation. En lisant ses récits, peut-être vous viendra-t-il des images, un discours intérieur, des jugements ou des comparaisons avec des moments familiers ou d'autres enfants. C'est possible. Je vous invite alors à simplement les remarquer, c'est un exercice en soit. Vous pouvez marquer une pause si le besoin est là, ce peut être l'occasion de faire une place aux pensées lorsqu'elles se présentent sans chercher à nier leur existence ou à les évacuer, puis quand c'est ok pour vous, vous pouvez continuer la lecture. Souvenez-vous : tous les moments ont leurs nuances et chaque enfant a ses trésors. Il est possible aussi que l'enfant que vous accompagnez dans la découverte de la méditation de pleine conscience ait des choses à dire après avoir lu ou écouté ces histoires. Vous pourrez alors vous appuyer sur la pratique de l'exercice 11 « écoute et communication ». Un simple partage d'un moment ou un échange qu'il soit verbal et/ou non verbal et/ou silencieux, compte.

Avec les histoires de Colline, il s'agit d'une simple invitation de plus à nous poser, adultes et enfants, pour observer et voir chaque enfant tel qu'il est maintenant avec toutes ses aptitudes à lui, ou encore voir naître ses aptitudes dans l'espace visible et perceptible. Peut-être, se préparent-elles même en amont, dans la discrétion de l'intériorité de l'enfant. Qui sait ? Je vous laisse découvrir maintenant les histoires.

La dégringolade

17

C'était un jour d'été, la canicule étouffait l'air pur. Cette histoire se passa dans la ville de Brindille, là où vivait monsieur Brindille, un petit hérisson. C'était lui qui avait imaginé puis bâti avec ses amis cette ville en forêt. Un jour, monsieur Brindille voulut rendre visite à son ami monsieur Pomme de pin, un joyeux et très gentil écureuil roux. Alors, monsieur Brindille se mit en route. Sur le chemin, il rencontra madame Jolibois, une très belle biche rouge-marron avec des taches blanches. Elle aimait faire des blagues. Une fois monsieur Brindille arrivé chez les Pommes de pin, il toqua à la porte et c'est madame Pomme de pin qui ouvrit. Il demanda : « monsieur Pomme de pin est-il là ? », mais il était parti chercher des noix et des noisettes. Du coup, monsieur Brindille partit à sa recherche. Mais en chemin... Bling-Patatras ! Il glissa sur une feuille juste en haut d'une pente ! Alors il la dégringola jusqu'en bas : « Aïe ! ».

Vous qui lisez cette histoire, avez-vous déjà dégringolé comme ça ? Qu'avez-vous ressenti ? Et que ressent monsieur Brindille à votre avis ?

Il avait très mal mais aussi très peur. Il était en colère contre lui-même. Il se dit qu'il aurait pu éviter cette feuille. Mais soudain il aperçut une petite Coccinelle qui courait vers lui. C'était Cocci accompagnée de Shiny et de madame Jolibois, la biche. Ils avaient vu la dégringolade de leur ami. Arrivés auprès de lui, ils l'aidèrent à se relever. Ils le questionnèrent : « Mais que t'est-il arrivé ? » Il leur raconta toute son aventure. Mais il avait terriblement mal à sa patte droite. Cocci lui dit alors : « Rassure-toi, nous sommes là, avec toi. Respire simplement, inspire… expire… ».

> À vous maintenant : inspirez… expirez… encore une fois… ça aide souvent quand on est triste, quand on a mal, quand on est en colère, ou encore quand on ne peut plus s'arrêter de rire !

Soudain, ils aperçurent monsieur Pomme de pin qui revenait de sa cueillette. « Bonjour » dit-il, « mais que faites-vous ? », puis il lui racontèrent. Par chance, monsieur Pomme de pin était médecin, alors il savait quoi faire. Ils allèrent chez madame Jolibois pour soigner monsieur Brindille en mettant un peu de crème puis au-dessus un bandage. Ensuite, ils se mirent en route pour ramener monsieur Pomme de pin chez lui et en chemin madame Jolibois ne put s'empêcher de faire une blague qui fit rire tous les amis. Sur ce long chemin ils rencontrèrent un petit ami roux…

Mais cette histoire, c'est une autre histoire, je vous la raconterai juste après. Où en étais-je ? Ah oui ! Continuons notre histoire.

Nos amis ramenèrent monsieur Brindille chez lui en passant ils déposèrent madame Jolibois puis monsieur Pomme de pin chez eux. « Au revoir » se dirent-ils et « à demain ». Puis Cocci et Shiny ramenèrent monsieur Brindille chez lui. « Si tu as besoin d'aide, tu peux demander à monsieur Oisillon de nous appeler. » dit Shiny, puis Cocci reprit « Oui ! Nous viendrons. Prends soin de toi et surtout écoute ton corps. S'il se sent fatigué, ne fais pas trop d'effort. Repose-toi bien. »

Au final, les amis ça aide beaucoup. Monsieur Brindille rentra chez lui soulagé.

L'aventure de Renardeau

• 18

Il faisait très chaud ce jour-là. Cela se passait dans le village de Rousseau en forêt, un village voisin du village de Brindille, mais le village de Rousseau avait une particularité, c'est que tout le monde se connaissait. Un jour, madame Roussette, une très jolie renarde rousse qui était toujours joyeuse et son fils sortirent pour aller rendre visite à madame Brindille et en même temps profiter de l'air pur et du beau soleil chaleureux. Sur le chemin ils rencontrèrent monsieur Pomme de pin, un de leurs amis et madame Fleur-des-champs, qui avait un nom très long, tellement long que Renardeau, le fils de madame Roussette n'arrivait jamais à le retenir ; il se trompait tout le temps. Une fois arrivés chez madame Brindille, ils toquèrent à la porte, et c'est le fils de madame Brindille qui ouvrit. « Bonjour » dit-il, puis Roussette demanda : « Est-ce que ta mère est là ? »

« Oui bien sûr », répondit-il, « elle est juste là dans le salon » puis soudain madame Brindille apparu. « Bonjour tout le monde comment ça va ? »

« Ça va bien. Est-ce que ça vous dirait de faire une balade pour profiter pleinement de ce magnifique soleil ? »

« Oui avec grand plaisir », répondit madame Brindille. Mais en chemin...

Que va-t-il arriver ?

Renardeau vit un petit écureuil qui l'intriguait alors il le suivit sans que sa mère ne s'en soit aperçue, mais il perdit de vue le petit écureuil et il se rendit compte qu'il était tout seul au milieu d'une immense forêt. Il appela sa mère mais aucune réponse. Il était figé, il tremblait de tout son corps, il regardait autour de lui en transpirant à grosses gouttes.

Vous qui lisez ou écoutez, à votre avis comment se sent Renardeau ? Et toi jeune lecteur, cela t'est-il déjà arrivé de te perdre ? Et vous qui êtes devenus grands cela vous est déjà arrivé ?

Continuons notre histoire. Renardeau a peur de ce qu'il peut rencontrer sur son chemin, de se faire gronder par sa maman et il est triste d'être tout seul au milieu d'une immense forêt. Sa maman, qui s'est rendu compte que renardeau avait disparu, l'appela de toutes ses forces très stressée. Soudain Renardeau vit tout une troupe arriver : mais c'est nos amis de l'histoire précédente !

Il reconnut monsieur Brindille et Shiny, il couru vers eux. « Oh tiens ! Bonjour Renardeau » dit Shiny, « mais que fais-tu tout seul dans la forêt et pourquoi tu es tout mouillé ? » demanda-t-il. Puis le petit renard leur raconta toute son aventure. Soudain Cocci dit : « Ne t'inquiète pas, respire simplement, nous allons demander à monsieur Oisillon s'il veut bien porter un message à ta maman comme ça elle pourra venir te chercher. »

« Oh merci beaucoup Cocci ! », dit-il soulagé. Puis ils repartirent avec Renardeau, pendant que monsieur Oisillon se mit en route pour porter le message à la maman de Renardeau. Dès son arrivée chez Shiny, Roussette fut soulagée car elle vit Renardeau sain et sauf, et très bien entouré.

Après toute cette aventure, Renardeau et sa maman se mirent en route pour rentrer chez eux car ils avaient besoin de repos. À leur arrivée Renardeau dit à sa maman : « J'ai beaucoup appris de cette aventure et à partir de maintenant je ferai plus attention. » Enfin, il conclut par : « Je t'aime maman ! ». Très émue par ces paroles, sa maman l'embrassa tendrement sur le front.

Journal de votre propre expérience

Vous pouvez si vous le souhaitez écrire ici, ou dessiner vos observations.

Et en pratique, au quotidien du soin

Le récit qui suit est inspiré d'une situation réelle et concrète de soin. Il constitue un conte pour nous, les enfants devenus adultes. Seul le prénom du héros est inventé. Vous pourrez peut-être y entrevoir votre propre expérience. Je vous propose de lire en étant très attentif à vos pensées lors de la lecture. Vous savez, tous ces petits commentaires « Ah ! moi aussi j'ai vu ça ! », ou bien « Ça me rappelle ma petite fille... », ou encore « Ce n'est pas possible ça dans le flot de ce que l'on a à faire ». Stop. Chacun de nous, de notre position de parent, de patient ou de soignant y verra peut-être des choses différentes. C'est peut-être l'occasion de remarquer nos inconforts, nos limites, nos ressources, nos émotions, etc., l'occasion d'une pratique de pleine attention. Avant de commencer cette lecture vous pouvez décider de vous mettre en intention de curiosité et d'ouverture. Ces éléments sont précisément déterminants pour créer et accueillir, à travers cette lecture, votre propre expérience. Une occasion de travailler la prise de distance avec les pensées : les pensées ne sont que des pensées et je décide de rester dans l'exercice avec curiosité et ouverture. Bonne lecture !

Le petit Pierre est dans le fauteuil d'examen. C'est la première fois qu'il consulte. Il est accompagné de son papa. Son papa est assis à un mètre de lui dans un canapé dédié aux accompagnants. Pierre a environ trois ans et il parle très bien pour son âge mais l'entourage a un doute sur ses facultés auditives car il ne répond parfois pas lorsqu'on l'appelle. Avant de monter dans le fauteuil, j'observe qu'il fait quelques détours dans la pièce en se tortillant puis hésite un instant avant de grimper de lui-même. Je suis moi à cet instant, posée sur mon siège d'examen, près du fauteuil, sans attente pressante, juste présente à la situation et à ma position. À la fois dans mon corps et avec eux sans rien « faire », en capacité d'observer, en disant peu aussi « Pierre, tu peux monter sur le fauteuil si tu veux… tu vois, je suis là. » Je prends l'option de lui proposer d'installer une petite couverture de pression sur les cuisses « tu vois cette petite couverture (*je la lui montre*), on va faire l'essai de l'installer sur toi, tu vas me dire comment tu te sens avec ça. Il touche furtivement le tissu puis me regarde : « Pas bien. » Ah d'accord, alors on va essayer de la mettre un peu plus bas (*je la descends doucement sur ses genoux*). Je questionne à nouveau « Et là ? », Pierre : « Pas bien ». Moi : « Ok, veux-tu qu'on essaye sur les pieds ou on l'enlève ? » Il hoche de la tête en me montrant ses pieds. J'installe avec précaution la couverture sur ses tibias et ses chevilles. Il me regarde faire puis me regarde à nouveau : « C'est bien ». Moi : « On la laisse alors ? », lui : hochement de tête en signe de oui. « Je vais regarder tes oreilles maintenant… ».

Cette séquence prend plus de temps à raconter qu'à mettre en œuvre. Une perte de temps ? À cet instant il faut me croire sur parole : la suite de l'examen dure quelques secondes. Une oreille, puis l'autre, maintenant le nez, puis la gorge. Tout est fait. Pas une opposition, pas un soupir de relâchement si fréquent chez les jeunes enfants après un temps de concentration intense, pas un mot… juste une communication non verbale intense de présence à présence. Le temps d'un accordage et hop ! Fini ! Sans compter le fait que nous avons, Pierre, son papa et moi encore de l'énergie pour le précieux test auditif. Pour moi, ces moments sont riches, nourrissants et fondent tout l'intérêt de mon travail de soignante. Je dirais même qu'ils sont ressourçants. En facilitant les examens, ces instants d'accordage créent aussi les conditions de leur fiabilité. Nous évitons aussi ainsi de voir apparaître dans les courbes auditives les biais de manque d'attention ou de réticence de l'enfant.

Je vous laisse à vos pensées… vous avez aussi près de vous une super héroïne ou un super héros j'en suis sûre.

Partages d'expériences

Les témoignages qui suivent nous viennent de personnes qui ont suivi une préparation au soin par une pratique de pleine conscience. L'intention ici est de donner aux parents un espace d'expression publique sans risque de transformation de leur façon d'exprimer leurs opinions et ressentis. Ces témoignages du quotidien sont pour nous, soignants, un retour précieux sur nos pratiques. Je tiens à les en remercier très chaleureusement.

> « Je suis très contente de cette approche. Laissez vos *a priori* de côté et soyez acteur de ces expériences pour en comprendre mieux les effets. »

Maryline, maman d'Agathe qui avait 6 ans au moment des soins.

> « Mon enfant est allé au bloc opératoire sans crainte et il ne garde pas un mauvais souvenir de l'intervention. L'expérience de cette préparation m'a apporté une méthode qui permet à l'enfant d'écouter son corps, de verbaliser ses émotions et son ressenti. C'est une prise en charge intéressante de l'angoisse et de la douleur. Par la suite, nous avons fait appel aux exercices de méditation ponctuellement en cas de stress scolaire ou de crise d'asthme. »

Jeanne, maman d'Arthur qui avait 6 ans et demi au moment des soins.

« C'est une très bonne expérience. Il faut essayer cette nouvelle méthode afin d'aider l'enfant à s'écouter et à s'exprimer sur son ressenti. L'expérience de cette préparation m'a permis de faire plus attention à tout ce qui m'entoure, et à me poser. J'ai refait ensuite les exercices ponctuellement, par exemple dans ma voiture en attendant les enfants. »

Magali, maman de Chloé qui avait 7 ans
au moment des soins.

Le témoignage qui suit a été recueilli oralement le lendemain de l'intervention.

« C'était super, Maya était très à l'aise en arrivant à la Clinique. Elle dansait dans le couloir pour aller à la douche, elle chantait. Je vous assure elle a même fait rire les infirmières. Et puis, c'était super la formation d'une heure que vous nous avez faite. Pour nous, les parents, c'était très intéressant et pour Maya c'était super aussi. Dès le retour à la maison elle a refait les gestes, même serrer fort les poings et respirer aussi, et le geste de réconfort. Et elle a expliqué aussi que ça fait mal de serrer fort les poings au bout d'un moment, mais que ça va c'est pas trop. Elle a tout expliqué à mes parents, puis a continué en expliquant à ses poupées. J'étais bluffée !

Et je voulais vous dire aussi, ça m'a fait beaucoup de bien à moi aussi en tant que maman, parce que c'est vrai qu'on a des émotions aussi, nous les parents. Ce n'est pas anodin d'emmener son enfant se faire opérer. Et puis j'ai moi aussi mon histoire à moi et du coup je crois que ça peut jouer sur ce que je pense et mes émotions : vous savez j'ai fait un phlegmon et j'ai eu très mal… » (Elle raconte ensuite en détail son expérience personnelle.) « Mais je pense aussi que Maya était aussi préparée par le fait que j'ai moi-même été opérée d'autre chose récemment. Il y a un mois, on en avait aussi beaucoup parlé. Et puis, j'y repense, il y a eu aussi l'intervention pour notre chien il n'y a pas longtemps, et tout ça ça a pu jouer dans sa préparation. Écouter et lui parler surtout, ça compte énormément ! »

Deux mois, après…

« Maya a raconté comment s'est passé son réveil de l'anesthésie en salle de réveil, qu'elle avait un peu pleuré mais qu'elle a vu un autre garçon, et elle a dit que la dame était gentille. Elle a raconté ça quand elle a vu des soignants avec des masques à la télé. Je peux vous dire que nous en tant que parents, on était anxieux de l'intervention, et je pense que c'est important de se préparer. J'avais l'expérience d'un soin avec contention de mon fils aîné à l'âge de deux ans, et ensuite pour tous les autres soins et jusqu'à maintenant presque (il a 16 ans), il a eu beaucoup d'appréhension. J'avais peur de louper quelque chose avec Maya, alors je me suis investie à fond dans cette préparation. C'est important, il faut se sentir en sécurité pour que l'enfant puisse faire confiance aux soignants. Pour moi le médecin joue un rôle essentiel dans la relation de soin, sa façon "d'être" avec les patients comptes énormément. Je suis sûre que ça compte au moins pour moitié dans le rétablissement. Peut-être même plus pour certaines personnes. En tout cas, je sais que moi, j'ai besoin de ça. Je veux dire aussi l'importance de la présence du papa lors de la préparation aux soins, pour qu'il ait vécu ça aussi et qu'il ait pu poser toutes ses questions. Parce que sinon, nous les mamans, si on gère tout le temps tout ça, c'est difficile, parce qu'une fois rentrée à la maison le papa nous pose des questions, on doit raconter, et puis il y a des questions auxquelles on ne sait pas répondre... c'est plus compliqué. Au moins là il a vu, il a pu poser ses questions, et c'est important. Non et puis, il faut replacer les choses à leurs places : je crois que ce qui est super dans cette intervention, c'est vous ! Non non je vous assure, il faut le noter aussi ça, c'est votre façon "d'être" qui compte. »

Virginie, maman de Maya qui avait 3 ans et demi au moment des soins.

« Je voudrais transmettre aux parents qui accompagneront leur enfant pour un soin, que cette préparation est importante pour les enfants ainsi que pour les parents afin de gérer les émotions. Nous avons refait des exercices d'attention ponctuellement après les soins, en situation de "crise". C'est une expérience importante pour Lohan qui du coup maintenant apprend à respirer calmement en cas de colère ou d'angoisse. »

Sophie, maman de Lohan qui avait 7 ans
au moment des soins.

« Cette séance de préparation était très intéressante, je ne connaissais pas du tout. Lors de l'entraînement à la maison, Léo était à la fois concentré et pas dans l'exercice mais revenait dans l'exercice de lui-même. Je veux dire aux parents qu'il faut essayer, cela m'a été très bénéfique ainsi qu'à mon fils. Cette préparation, c'était comme si on était dans une bulle, et puis c'était super de voir Léo : il est parti pour ses soins souriant. J'avoue que c'est une expérience nouvelle, inconnue, et qui gagne à être connue. Il faut continuer, car pour moi cela a été très bénéfique. »

Sandra, maman de Léo qui avait 4 ans et demi
au moment des soins.

« Même en ayant l'habitude, Coline avait oublié certaines choses, elle appréhendait la salle avant la salle de l'opération. L'histoire de Shiny nous a permis d'amorcer la discussion et de rappeler les techniques de gestion de l'inconfort. Ce qui est appréciable, c'est de faire l'entraînement au moment où l'enfant et le parent sont pleinement disponibles. Le faire à la maison a permis de choisir le moment le plus opportun dans l'organisation familiale. Cette préparation par la méditation de pleine présence apporte beaucoup, autant à l'enfant qu'aux parents. Une opération n'est pas quelque chose d'anodin (même quand on a l'habitude) et pouvoir s'arrêter et prendre le temps d'y penser est important. »

Virginie, maman de Coline qui avait 8 ans
au moment des soins.

À travers les très nombreux témoignages que nous avons pu recueillir j'ai vu apparaître des courants. L'ensemble de ces partages d'expérience relèvent pour moi de notre humanité commune.

Des besoins communs se sont dessinés comme le besoin d'être rassuré, d'être entouré, le besoin de comprendre à travers des explications, le besoin d'être écouté et de pouvoir avoir un échange, de poser des questions et d'avoir des réponses, et enfin le besoin d'être respecté et considéré en tant qu'individu unique, singulier.

Nombre de récits témoignent une gratitude spontanée envers le médecin que je suis, l'équipe, l'existence d'une préparation aux soins, ou encore la démarche même de pleine attention. Lorsque nous leur offrons un espace d'écoute et de partage d'expérience, les parents des jeunes patients nous rapportent l'utilité qu'ils ont perçue dans cette façon de préparer l'enfant et sa famille aux soins. Des grands-parents et des soignants nous rapportent également régulièrement spontanément leurs observations. L'utilité est très souvent mise en avant. Utilité pour gérer au mieux son anxiété et que l'enfant gère aussi au mieux la sienne. Utilité pour échanger avec les autres enfants de la fratrie, qui eux aussi ont leur questionnement et leurs émotions à gérer. Utilité pour accueillir nos émotions sans jugement et nourrir la confiance en observant leurs nuances et leurs fluctuations. Utilité ressentie en matière de prévention. Utilité pour élargir le champ des perceptions qui permet au patient de se rendre acteur de ses soins et à l'accompagnant de se positionner en « aidant-acteur ». Utilité pour sentir cet espace de liberté que nous offre cette qualité d'attention qui nous permet de faire des choix conscients pour nous-même et d'accompagner nos proches. Utilité pour cultiver cette présence ouverte, cette disponibilité bienveillante à autrui aussi. Utilité pour « habiter » pleinement le temps sans avoir la sensation soit qu'il nous échappe soit qu'il nous semble vide de sens. Les interactions entre patients, accompagnants et soignants sont dans ce contexte décrites comme utiles, enrichissantes, voire ressourçantes, et surtout pleinement vécues avec sous-jacents remis en lumière, le rôle, l'intention et les valeurs que chacun se donne pour lui-même. Ainsi le patient se sent pleinement acteur, l'accompagnant se sent aidant et le soignant se sent pleinement soignant. Dans ce contexte de soin tel que nous le posons, la communication est facilitée entre tous ces acteurs du soin.

L'intention de transmission de parent à parent est également bien présente. Lorsqu'on leur demande ce qu'ils aimeraient transmettre, la plupart écrivent quelques mots à ces autres parents qui seront aussi en position d'aidant pour leur enfant ; les mots sont soutenants, pleins d'empathie, incitent à la confiance ou à s'investir dans la pratique des exercices d'attention avec leur enfant ou à participer activement à la préparation par la méditation de pleine conscience. La confiance est souvent mise en avant : la confiance en eux, en l'avenir, en les soins, en les soignants.

Certains ont souhaité exprimer ce que la préparation au soin leur a apporté. Voici ce qu'ils rapportent chacun à leur façon : un bien-être, une communication facilitée avec leur enfant, une aisance pour guider leur enfant dans une situation inhabituelle, une perception facilitée des émotions de leur enfant, la sensation d'être plus prêt(e) et confiant(e) pour le jour du soin, de l'apaisement, l'importance de la création du lien avec le chirurgien, du réconfort, moins d'anxiété, la prise de conscience de leurs ressentis, de la sérénité, une autre façon de voir leur enfant, le sentiment de ne pas partir dans l'inconnu avec leur enfant.

La plupart des parents ont trouvé d'autres situations du quotidien dans lesquelles la pratique de l'attention peut être aidante. Pour mieux gérer une contrariété, le stress lié à un changement de maître, le soir avant le coucher, lorsqu'il y a un trop-plein d'énergie, lors d'un stress scolaire, lors d'une crise d'asthme, pour gérer une petite blessure, lorsque l'enfant découvre de nouveaux sons forts (le bruit d'une moto par exemple) car il entend de nouveau mieux, en cas de pleurs ou d'énervement, ou simplement lorsque l'enfant le demande ou lors d'un moment agréable comme l'écoute de musique lors d'un concert.

Quelques parents très investis et acteurs de première heure et de premier plan suggèrent, formulent des propositions, soulignent les bienfaits de la pratique : et si on pouvait étendre la préparation aux deux parents ? Et à la fratrie ? Ou faire une séance de plus pour approfondir ? Ou proposer en plus des séances aux parents tous seuls, entre eux sans leurs enfants ?

Et puis, il y a ces enfants et leurs parents qui sont remarquables pour nous car ils sortent clairement de ces courants principaux dessinés au fil du temps par l'accumulation des témoignages. Ceux pour qui nous souhaitons, nous soignants, redoubler de patience, de confiance et aussi de persévérance pour assurer un suivi, faire des propositions d'aides en tout genre, médicale, psychosociale, éducative ou de bilans pour essayer de mieux comprendre ce qui gêne l'enfant dans son développement. Aiguiser notre tact et notre bienveillance, savoir lâcher prise aussi parfois car ce n'est simplement peut-être pas le moment, est pour nous alors essentiel. Un retour alors à notre propre entraînement à la pleine attention.

D'autres parents, rares, eux aussi dans mon expérience, ont déjà pratiqué le yoga ou la méditation de pleine conscience. Eux aussi sont remarquables, par leur engagement et leur grande capacité d'observation et de description de leur ressenti, de leurs pensées et de leurs émotions. Des personnes souvent dotées d'une grande sensibilité dont ils ont fait une force. Ceux-ci sont nos parents-supporters et conscients que par leurs témoignages ils peuvent influer sur le cours des choses et nous aider à porter leur voix. Leur souhait : la diffusion de la « pratique de la pleine présence dans les soins portés à l'enfant ». Dit comme cela, on pourrait croire à l'évidence, mais ce n'en est pas une. Ce n'est pas si évident que cela y paraît. Cultiver la présence et l'attention n'est pas encore partout une priorité. En même temps, et grâce à nos efforts communs de soignants et de parents, de plus en plus de personnes ont accès maintenant à cette possibilité de gestion du stress par la *mindfulness*.

Enfin, voici ce qu'ont retenu les parents comme aidant pour leur enfant au quotidien : l'écoute, les gestes de réconforts, la disponibilité, être là, faire attention à ne pas « sur-réagir », savoir se poser et observer l'enfant pour répondre à ses besoins, mettre des mots, l'accompagnement sans jugement, le respect de l'autre et de ses émotions.

Et pour eux-mêmes : prendre connaissance et conscience des petites choses de notre quotidien, le contact avec soi-même, écouter sans réagir directement, prendre une petite pause pour soi chaque jour.

Chacun de nous a sa propre façon de dire les choses et lorsque je reçois les témoignages cette diversité est manifeste. C'est un des énormes avantages de l'enquête qualitative : les recueils s'effectuent sur la base de questions ouvertes posées aux parents de nos jeunes patients. Sachez qu'à travers vos réponses, vos enseignements de Parent sont riches non seulement pour les autres parents mais également pour nous soignants. Nos observations se complètent ainsi dans la même intention de prendre soin des enfants.

Et les enfants ? Comment se comportent-ils avec cette façon de les accompagner ?

Chacun a aussi sa façon de se comporter et d'exprimer. Ce qui me semble le plus important de souligner ici, c'est l'importance de respecter l'enfant dans toutes ses dimensions, physique, psychique, affective, et de ne pas aller au-delà de ses limites. Laisser du temps, pas nécessairement beaucoup de temps, juste le temps nécessaire à chacun. Avoir de l'affection inconditionnelle et sincère pour eux et leur montrer, d'autant plus, lorsque le soin génère de l'inconfort ou de la douleur transitoirement. Expliquer et répondre à leurs questions. Rappeler souvent aussi l'objectif des soins : « pour avoir une meilleure santé » ou « un meilleur confort ». Ainsi, dans mon expérience, à distance, le soin ou l'intervention sont bien souvent mémorisés comme ayant été suffisamment peu contraignants. Ils sont alors acteurs, prêts et solides si un soin ultérieur était nécessaire. Cette expérience de soin nécessaire participe alors à leur construction. Un vrai confort à la fois pour l'enfant mais aussi pour ses parents et les soignants.

Épilogue

• 19

J'aime le matin. Le matin à l'heure où tout est encore très calme. Où le chant des oiseaux est joyeusement perceptible, et le son de l'agitation humaine pas encore tout à fait là. J'ai mon habitude. Je me place sur cette feuille encore fraîche de rosée matinale et j'observe. Quelques minutes, quelques minutes seulement, mais quelques minutes qui donnent naissance à ma journée un peu différemment. Bizarrement, je commence ma journée en fermant les yeux et c'est justement cela qui me donne une sensation intense : cela change quelque chose au regard que je porte sur les choses. Tout ce que je vois et rencontre ensuite dans ma journée, sera plus facilement accueilli avec attention, recul et tempérance, tranquillité, regard renouvelé d'instant en instant, souplesse et même tendresse. Fermer les yeux, pour permettre à toute l'expérience de l'instant de se dérouler pleinement. Se dérouler pleinement avec ses sensations, ses images et discours intérieurs, ses émotions et ses envies d'actions, sans qu'il y ait forcément un élément déclenchant extérieur. Fermer les yeux pour voir ou entrevoir tout cela (c'est ce qui parfois arrive), puis en être accompagnée les yeux grands ouverts dans la journée. Fermer les yeux ou les laisser volontairement dans le vague, et y voir mieux en somme.

De loin, on pourrait croire que je dors ou que je ne fais rien. De près même, certaines personnes pourraient le croire aussi d'ailleurs. Mais c'est ignorer le déroulé invisible de l'expérience, si discret et subtil, souvent imperceptible pour le monde en mouvement.

Je sens mes pattes posées sur cette lisse, douce et fraîche plante grasse. Mes élytres sont bien posés, cachant sous elles de plus fines ailes. Je les sens, comme je sens le premier rayon de soleil du jour m'éclairer à moitié. Je suis à mi-ombre mi-lumière. Et si je me concentre, je peux même distinguer clairement, la limite de cette chaleur ensoleillée et de cette fraîcheur ombragée. Je ne bouge pas, je reste là. J'observe. Si je me concentre encore je peux même sentir mes points noirs sur cette nappe rouge qui couvre mon dos. Me croyez-vous ? Peut-être avez-vous aussi une expérience intérieure en souvenir... ou en avez-vous une à décrire de cet instant-ci, celui qui se déroule pour vous maintenant... bientôt je frotterai mes pattes l'une contre l'autre, soulèverai mes élytres et secouerai mes longues ailes dans une brise, montrant au ciel et au curieux naturaliste de passage, leur transparence finement froissée d'avant le premier envol. Qui sait ce qui m'attend ? De nouvelles aventures assurément. De petites, de plus grandes ou même de sérieuses, ou encore, de drôles.

Me donner chaque jour, le cadeau de cette pause dans l'observation et l'attention, est l'une de mes habitudes choisies. Un moment juste tel qu'il est. Juste à observer et vivre. Comme chacun ensuite, c'est vrai. D'instant en instant…

D'ailleurs allez ! C'est le moment. Juste le temps de sentir la flexibilité mobile de la feuille qui m'accueille, et en même temps, encore le souffle du vent et le mien, et je décolle sillonnant le ciel, pour un nouveau voyage, tant extérieur qu'intérieur !

Et vous, quelle est votre habitude, et quel est votre endroit ? Quel sera votre expérience-exploration aujourd'hui ?

Je ne peux dire quelle sera la mienne, mais ainsi connectée, je me poserai peut-être sur une épaule, ou marcherai discrètement chatouillante jusqu'au sommet d'un doigt, avant de m'envoler à nouveau… rappelant peut-être, comme toute chose peut le faire, quelqu'un à lui-même un instant. Qui sait…

Cocci

Glossaire

- **Action :** ce que l'on fait, actes, action délibérée choisie.
- **Attitude :** manière de tenir le corps, posture ; manière de se comporter, comportement.
- **Bienveillance :** disposition favorable envers quelqu'un.
- **Comportement :** manière d'agir, conduite.
- **Curiosité :** intérêt, soif de connaître.
- **L'écoute :** prêter l'oreille avec attention.
- **Entraînement :** apprentissage par habitude ; entraînement planifié et systématique.
- **Lâcher prise :** renoncer à quelque chose.
- **Non-jugement :** action d'éviter de porter un jugement, d'émettre une critique ou une opinion favorable ou défavorable, par exemple « j'aime » ou « je n'aime pas » ; « c'est beau », « c'est moche ».
- **Non verbal :** gestes, mimiques, et l'attitude.
- **Ouverture :** état de ce qui est ouvert.
- **Patience :** qualité de la personne qui persévère, qui sait attendre.
- **Piliers de la méditation de pleine présence :** patience, confiance, non-jugement, esprit du débutant, lâcher prise, ne pas tendre vers un but avec effort.
- **Processus :** suite des différentes phases d'un phénomène.

- **Réaction :** action de réagir à une action antérieure, qui peut porter en elle une forme d'impulsivité.
- **Ressources attentionnelles :** possibilités et moyens d'être attentif.
- **Se ressourcer :** revenir aux sources, retrouver ses racines profondes ; ce qui comprend aussi se reposer ou retrouver de l'énergie, de la vitalité.
- ***Timer* :** minuteur où l'affichage du temps restant est présenté sous forme d'une partie de disque de couleur, qui devient de plus en plus petite à mesure que le temps s'écoule.
- **Verbal :** oral, qui se fait de vive voix, par des paroles, des phrases ou des mots.

Pour aller plus loin, bibliographie

- **Vidéos**
  - https://www.youtube.com/watch?v=5OsxAPoG0Xg&t=38s méditation et attention par le Dr Christophe André, 4 min 34 s

  La neuroplasticité
  - https://www.youtube.com/watch?v=PDFWBMOF5yo
  - https://www.youtube.com/watch?v=Fkm0nSyyz-Y colloque organisé en juin 2019 par le ministère de la Santé, 3 heures environ
  - https://www.youtube.com/watch?v=NCma-mcjwsg fin du colloque, 3 heures environ

- **Applications**
  - Psychologie coaching (Christophe André)
  - Méditer avec Namatata (François Bourgognon)
  - Petit BamBou

- **Questionnaires**
  - *Échelle d'évaluation des facteurs de stress de Holmes et Rahe*, 1967. Elle est reprise dans le livre de Mirabel-Sarron C., Docteur A., Sala L., Siobud-Dorocant E., *Mener une démarche de pleine conscience*, Dunod, 2012.

On peut également facilement la trouver sur internet à l'aide d'un moteur de recherche.

Il s'agit d'une échelle qui attribue à chaque circonstance de vie une cotation en points. Même si cela a été étalonné en interrogeant de nombreuses personnes, individuellement nous pouvons ressentir les choses différemment et donc sous-coter ou sur-coter certains items. Le total est donc à interpréter avec ce recul. C'est un élément parmi d'autres. Simplement, une occasion de plus, d'ouverture à l'expérience, d'accueil de ce qui est là et de compassion.

Il existe une échelle similaire pour l'évaluation des facteurs de stress chez l'enfant, l'échelle d'Elkind. Elle est à explorer avec les mêmes réserves.

- *Five Facets Mindfulness Questionnaire* (FFMQ) est un outil d'évaluation en 39 items. Il est intéressant car il explore 5 domaines de la pleine conscience : la capacité d'observation et de description des expériences, l'action en pleine conscience, la non-réactivité et le non-jugement. Version originale : Baer et *al.* (2008) ; adaptation et validation en français : Heeren et *al.* (2011). Elle est reprise dans le livre de Corinne Isnard Bagnis, *La pleine conscience au service de la relation de soin. Méditer pour mieux soigner*, De Boeck supérieur, 2017.

■ Directives ministérielles

- https://solidarites-sante.gouv.fr/actualites/presse/dossiers-de-presse/article/feuille-de-route-sante-mentale-et-psychiatrie-jeudi-28-juin-2018 directives ministérielles concernant la prévention des risques psychosociaux, la feuille de route peut être téléchargée et mentionne clairement l'intérêt de la *mindfulness* auprès des jeunes et de leurs parents, et dans tout milieu, santé, justice, éducation et monde du travail. C'est un document de référence à l'heure actuelle, pour les professionnels de santé et de l'éducation.

Livres

- Kabat-Zinn J., *Au cœur de la tourmente, la pleine conscience*, Éditions J'ai Lu, bien-être, traduction française De Boeck, 2009.
- Kabat-Zinn Myla et Jon, *Être parent en pleine conscience,* Pocket, 1997, traduction française, 2012.
- Corinne Isnard Bagnis, *La pleine conscience au service de la relation de soin. Méditer pour mieux soigner*, De Boeck supérieur, 2017.
- Mirabel-Sarron C., Docteur A., Sala L., Siobud-Dorocant E., *Mener une démarche de pleine conscience*, Dunod, 2012.
- Segal Z.V., Williams J.M.G., Teasdale J.D., *La thérapie cognitive basée sur la pleine conscience pour la dépression. Une nouvelle approche pour prévenir la rechute*, De Boeck, Bruxelles, 2006.
- Sandrine Déplus et Magali Lahaye, *La pleine conscience chez l'enfant et l'adolescent*, Éditions Mardaga, 2019.
- David Dewulf, *Mindfulness : la pleine conscience pour les ados*, De Boek supérieur, 2012.
- Christopher Germer et Kristin Neff. *Programme d'autocompassion en pleine conscience. Carrefour des psychothérapies*, De Boek supérieur, 2020.
- Christophe André, *Méditer jour après jour*, L'Iconoclaste (livre avec cd), 2011.
- Corinne Isnard Bagnis, *La méditation de pleine conscience*, PUF, coll. « Que sais-je ? », 2017.

- François Bourgognon, *Ne laissez pas votre vie se terminer avant même de l'avoir commencée*, First Édition, 2019.
- Rick Hanson, *Le pouvoir des petits riens, 52 exercices quotidiens pour changer sa vie*, Les arènes, 2013.
- Rick Hanson, *Le cerveau de Bouddha*, Les arènes, 2011.
- Matthieu Ricard, *L'art de la méditation*, NIL Éditions, Paris, 2008.
- Jacques Salomé, *Papa, Maman, écoutez-moi vraiment ; pour comprendre les différents langages de l'enfant*, Albin Michel, 1989.
- Robert Buckman, *S'asseoir pour parler*, Masson, 2001.
- Eline Snel, *Calme et attentif comme une grenouille*, (attention je rappelle que le « calme » n'est pas un objectif, il faut plutôt s'attacher au contenu du livre plutôt qu'à son titre ; livre pour les parents et cd pour tous), méthode néerlandaise diffusée dans le monde entier et initialement dans les écoles aux Pays-Bas.
- Jeanne Siaud Facchin, *Tout est là, juste là – méditation de pleine conscience pour les enfants et les ados aussi* (1 cd audio).
- Collectif (Christophe André, Alexandre Jollien, Steven Laureys, Matthieu Ricard, Rebbecca Shankland, Gauthier Chapelle, Ilios Kotsou, Caroline Lesire, Luc Schuiten, Suzanne Tartière), *Prendre soin de la vie, de soi, des autres et de la nature*, L'Iconoclaste, 2019.
- Thèse : D'Annunzio Antonella, « L'impact de la pratique de la pleine conscience sur la santé mentale (stress, anxiété, dépression) et la santé physique chez un groupe de lycéens en classe de terminale : étude contrôlée », thèse de doctorat en médecine, 2017.

- Article : Michel G, et *al.*, « Effets de la *Mindfulness* sur l'anxiété, le bien-être et les aptitudes de pleine conscience chez des élèves scolarisés du CE2 au CM2 », *Ann. Med. Psychol.*, Paris, 2019, https://doi.org/10.1016/j.amp.2019.09.009
- Communication orale : Antoine Bourrillon lors du congrès de l'Association française de Pédiatrie ambulatoire, AFPA, 2017.

Associations

- Enfance et attention https://enfance-et-attention.org
- https://www.association-mindfulness.org

Organisme de formation pour les soignants

- Mindful-France®.
- https://www.mindful-france.org organisme de formation des professionnels de santé où vous pouvez trouver des méditations guidées libres d'accès.
- Le programme de formation proposé par Mindful France se décompose en plusieurs modules :
  - → Le module 1 consiste en une pratique personnelle du programme MBI.
  - → Le module 2 « *Mindfulness* enfant et accompagnants » consiste en un entraînement à l'animation de séances de *mindfulness* auprès de patients enfants et adolescents, de 0 à 18 ans et de leurs accompagnants adultes, Parents et soignants ; ***Tu médites avec moi ?*** est l'un des livres supports de la formation.

- **Diplômes universitaires**
  - Paris, Sorbonne Université – La Pitié Salpêtrière, « Méditation, gestion du stress et relation de soin ».
  - Paris, Saclay, « *Mindfulness* ».
  - Strasbourg, « Médecine, méditation et neurosciences ». Il est ouvert au 3e cycle d'études supérieures. C'est le premier diplôme universitaire à avoir été ouvert en France. Lien vers une conférence à visionner https://youtu.be/9ka3h1fnp-c
  - Nice, « Méditation, relation thérapeutique & soin ».
  - Montpellier, « Méditation et santé ».
  - Lyon, « Méditation et Pleine Conscience : approche intégrative en santé ».

- **Autres organismes de formation**
  - Mindful up.
  - Academy voor Mindfulness Teaching.
  - Fondation SEVE.

Remerciements

À mes maîtres de chirurgie, André, Dominique, et aussi à mes enseignants en *mindfulness*,;merci pour vos partages, vos enseignements, votre présence au fil du temps. Merci pour cette richesse transmise. Mon intention est d'en prendre soin et de la distiller de mon mieux, avec digestion et sans déformation.

Bien sûr à Antonella, Corinne et Fanny qui m'ont fait le cadeau porter leur regard d'expertes sur ce travail. Fanny, tes retours de lectures précis et avisés, m'ont poussée à explorer plus encore mon expérience et à chercher une fois de plus à ciseler les mots. Gratitude et reconnaissance à toutes les trois à nouveau, pour vos retours aussi touchants qu'experts.

À ma famille, Christophe, mes parents, Marie-Josée et Jean, merci pour votre présence aimante et respectueuse au quotidien, qui est socle et racines. Feuilles et fleurs, Robin, Albane, Julian, Coline, vous êtes mes étoiles! La diversité de votre brillance est une source d'émerveillement perpétuellement renouvelée.

À Nelly et Léa, qui soignent avec moi au quotidien, merci à vous de votre présence attentive et investie.

Merci à Raymund Schwan de m'avoir accueillie dans la collection La réponse du psy et de m'avoir accordé sa confiance.

Merci à toutes les personnes qui ont permis à ce projet de se concrétiser, et tout particulièrement à Isabelle pour sa lecture attentive, son enthousiasme, ainsi que la douceur et l'authenticité de ses retours.

À tous les parents que j'ai croisés sur ma route de médecin, je veux dire ici que vous nous apprenez, à nous soignants, une quantité de choses inestimables par vos partages d'expériences. Je veux vous exprimer toute ma gratitude pour la confiance que vous nous accordez, vous et vos enfants.

À toutes les personnes qui sont allées à notre rencontre à travers ce livre, j'écris ces quelques mots. Merci à vous d'avoir fait l'effort nécessaire pour que cette rencontre ait lieu. J'espère que celle-ci vous aura permis de vous rencontrer vous-même car c'est aussi le sens de cette démarche de pleine présence. Enfin, la vie nous apporte spontanément tous les objets d'observation nécessaires à la pratique de l'attention, alors vous n'avez rien d'autre à faire que d'être simplement vivants pleinement !

V • MON CARNET DE BORD, MON ENTRAÎNEMENT AU QUOTIDIEN

Bien après le soin, c'est peut-être finalement bien avant le soin suivant, qu'il soit prévu, imprévu ou d'apparition brusque, sur notre chemin de vie.

Vous trouverez rassemblés ici les éléments de la boîte à outils, afin qu'ils soient facilement accessibles en soutien de votre pratique et de celle de l'enfant au quotidien. Il pourra ainsi s'en saisir dès que l'âge lui permet de feuilleter lui-même un livre. Les enfants adorent avoir cette autonomie de feuilleter « tout seul » et venir montrer à l'adulte ce qui les intéresse ou ce qu'ils veulent exprimer munis de ce support « aide-mémoire ». Vous n'aurez qu'à mettre le livre en évidence à sa portée. Bien sûr vous l'aurez compris tout au long de ce livre, en tant qu'adulte accompagnant, **votre investissement personnel dans l'entraînement à l'attention et votre posture** est également très importante. Pour vous aidez, des propositions de formulation des questionnements sont mentionnées pour chaque vignette illustration. Au fil de l'entraînement, vous n'aurez bientôt plus besoin d'aucun support, ni visuel, ni enregistré.

Je vous invite à ne pas attendre les événements forts ou très inhabituels pour enclencher l'entraînement. Tout petit événement banal du quotidien comme, un sourire d'un copain, un rayon de soleil ou une petite gêne quelque part pourra vous servir de pratique.

Bonnes explorations et découvertes à chacun et ensembles !

Souhaites-tu faire une pause ?

Pratique libre non guidée de 5 minutes • 20

→ Un petit temps pour soi, une écoute du son, cinq minutes de pratique libre… pour continuer à écouter les sons par exemple, ou bien sentir notre respiration, ou observer les sensations, ou encore les pensées qui surviennent… les laisser circuler. Simplement.

Est-ce que c'est le moment pour toi de ralentir et d'observer ?

Quelle taille d'entraînement penses-tu possible là ?
Tu peux le dessiner en faisant un rond par exemple…

Tu préfères faire une méditation ou autre chose comme bouger, regarder, écouter, sentir, déguster ou toucher quelque chose avec toute ton attention ? (Pointer du doigt chaque mot même avec un enfant encore non lecteur, ou pointer le nez, l'oreille, la bouche…).

Tu sais quel jour on est ? Le jour où .... (*jour du soin*) c'est .... (*indiquer le jour*).

On est où là, dans la journée ? (Ou c'était quand, ce que tu me racontes ?)

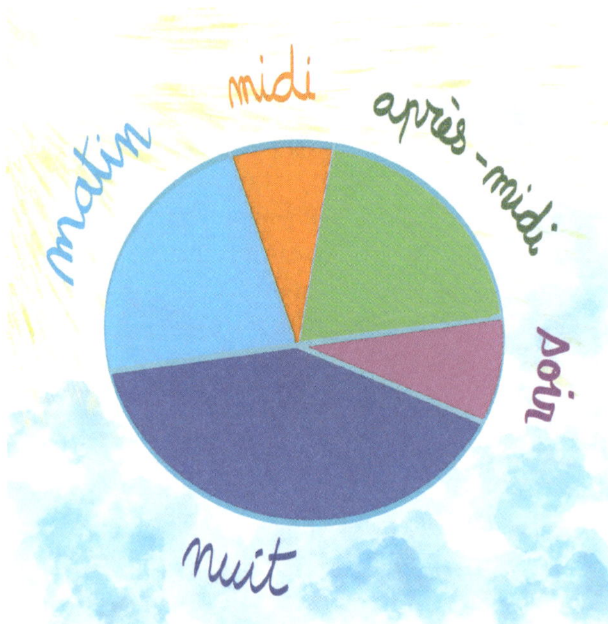

Comment c'est pour toi là ton paysage intérieur ?

Tu te sens plutôt comment ? Il y a de la tristesse, de la colère, de la peur, de la joie, ou un mélange ?

* En jaune la joie, en bleu la tristesse, en vert la peur, en rouge la colère.

Tu peux me montrer où tu le sens ça, avec ton doigt ?

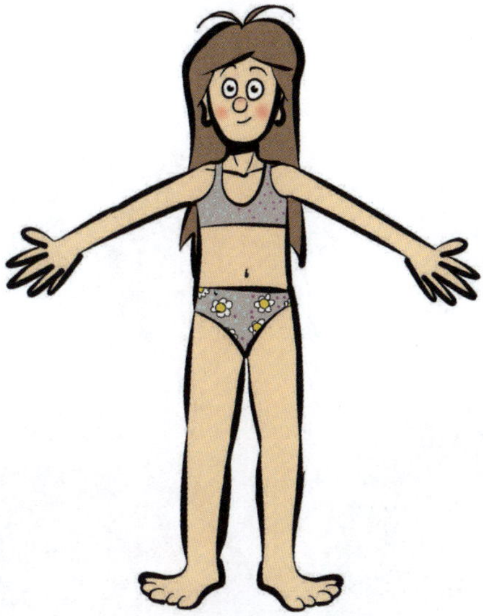

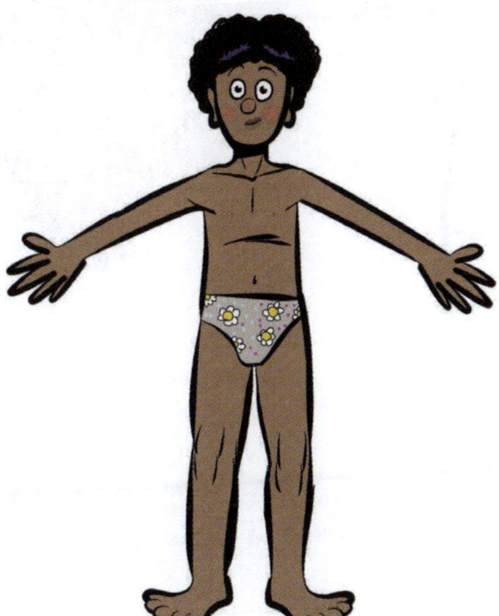

Et c'est gros (fort) comment ? (Un tout petit peu, un peu, beaucoup, très fort.)

Et tu te sens bien comment ? (Un tout petit peu, bien, très bien, très très bien.)

Tu veux faire une ou deux respirations avec moi, comme Shiny ? Et comment te sens-tu maintenant ?

Je te **remercie** pour ces moments d'attention. Je te **souhaite** beaucoup d'autres moments de **pleine présence** dans ta journée. **D'attention et de confiance... de douceur aussi.**

→ Pour vous adulte, ce peut être le moment d'un don d'affection inconditionnelle partagé, le moment de raconter à l'enfant, avec vos mots à vous, « **de quelle façon ces moments comptent** » et, « **de quelle façon l'enfant compte pour vous** » **tel qu'il est**. Le moment de vous accueillir vous-même, de vous remercier, et d'avoir **pour vous-même** une intention de présence, de confiance et de douceur…

AU QUOTIDIEN…